2015
대한민국
재테크
트렌드

초저금리 시대는
재테크 필수 시대다

2015
대한민국
재테크
트렌드

조선일보 경제부 엮음

알짜 정보와 헛된 정보를 가려주는 최고 고수들의 투자 비법

　재(財)테크에 대한 열망은 갈수록 높아질 수밖에 없다. 조만간 100세 생일 케이크를 주고받는 시대가 열리지만, 돈 불릴 수단은 갈수록 줄어들기 때문이다. 경기침체로 저금리를 넘어 초저금리 시대가 열려, 1퍼센트대 예금금리가 등장했다. 금리뿐 아니다. 부동산 시장은 지난해 잠시 반짝했다가 다시 얼어버렸다. 주식도 마찬가지다. 한때 주가가 2,600포인트까지 오른다는 얘기가 증시에서 흘러나왔지만, 이내 고꾸라져 맥을 못 추고 있다. 그야말로 투자 빙하기가 찾아왔다. 돈 모으기도 힘들고, 목돈을 굴릴 곳도 마땅치 않다. 하지만 하늘이 무너져도 솟아날 구멍은 있는 법. 슬기로운 재테크 노하우로 무장한다면 좀 더 여유롭고 행복한 중산층으로 살아갈 수 있다. 재테크가 필수인 시대, 내 손에 쥔 것을 최대한 불려주는 돈의 길을 찾아야 한다.

　아는 만큼 보인다고 했다. 재테크는 특히 그렇다. 돈 되는 정보를 얼마나 갖고 있느냐에 따라 모을 수 있는 돈의 크기가 달라진다. 돈에 대한 안목을 키워주는 국내 최고 무대가 바로 대한민국 재테크 박람회이다. 2014년 12월 5일부터 이틀 동안 서울 대치동 세텍(SETEC)에서 열린 '2015 대한민국 재테크 박람회'는 전년 제1회 행사에 이어 대성황을 이뤘다. 영하의 강추위였지만 서울·경기는 물론이고 대구·광주·부산·포항·제주 등 전국에서 재테크에 대한 갈증을 풀기 위해 1만 2,000여 명이 행사장을 찾았다.

　보통 박람회를 보면 길어야 2~3시간 정도 둘러보고 행사장을 빠져나가는 사람이 대부분이지만, 대한민국 재테크 박람회를 찾아온 많은 참관객들은 오전 9시부터 행사가 끝나는 오후 5시까지 자리를 지켰다. 국내외 최고의 재테크 전문가들이 펼치는 주옥같은 명강의를 듣기 위해서였다. 첫 번째 행사 때 세미나 공간이 크게 부족해 이번엔 전년의 2배 수준인 1,000석 규모로 넓혔지만, 그럼에도 자리가 모자랐다. 9개의 특강과 토론 세션에 매번 1,000~1,200여 명이 찾아와 세미나실을 가득 메웠다. 박람회 첫날 짐 로저스 로저스홀딩스 회장 기조강연 때엔 무려 1,500여명이 몰려 세미나장을 뜨겁게 달궜다. 통역 수신기가 바닥이 난 것은 물론, 서 있는 참관객들을 앉히기 위해 부랴부랴 의자를 공수해와야 했다. 이튿날인 토요일에도 박람회를 찾는 발길이 끊이지 않았다. 오후 2시 30분쯤, 행사 마감이 3시간도 채 남지 않았는데 참가 신청서를 작성하고 세미나장으로 향하는 참관객들이 갑자기 늘었다. 그 시간 이후에는 이시형 박사(세로토닌문화원장)가 진행하는 '건강관리가 돈 버는 길'과 이형일 하나은행 PB사업본부장의 '부자들의 재테크 비밀수첩' 강연이 예정되어 있었다. 강연이 끝날 때마다 개인적인 질문을 하려는 사람들이 몰려들어 연사 대기실은 10~20분씩 북적거렸다.

　세미나관의 특강 코너에서는 재테크 정보를 한껏 흡수하고, 상담관에 설치된 금융회사 부스에서는 재테크 상담을 받는 실속파 참관객들도 적지 않았다. 유수의 국내 금융회사들이 마련한 부스에선 참관객들을 대상으로 재테크 전문가인 PB(프라이빗 뱅커)들이 나와 일대 일로 주식·펀드·부동산·상속·증여 상담 서비스를 해주었다. 평소 만나기 힘들었던 PB들로부터 재산 증식 노하우를 듣고 간 것이다. 그야말로 재테크 향연이었다. 모두 돈의 비밀을 찾으러 온 사람들이었다.

이 책은 2015 대한민국 재테크 박람회 현장을 뜨겁게 달군 12인의 재테크 강연의 핵심 내용을 엮은 것이다. 책에는 각 연사들이 자신의 분야에서 저마다 지니고 있는 전문 지식과 노하우의 에센스가 담겨 있다. 그렇다면 돈의 비밀을 알려준 연사들의 이야기를 좀 더 깊이 들여다보자.

지난해 중반 이후 증시에서 배당주는 대세가 됐다. 기업들이 번 돈을 투자도 하지 않고, 주주들에게 배당도 소홀히 한다는 지적이 나오면서 배당을 늘려야 한다는 여론이 커졌기 때문이다. 하지만 아무 주식에나 돈을 맡길 수는 없는 노릇. 이상진 신영자산운용 대표는

'이런 게 알짜 배당주다'라는 꼭지에서 배당수익률이 높아질 것으로 예상되는 주식을 골라내는 비법을 알려준다. 그는 배당을 꾸준히 하는 국내 기업에 10년 이상 투자하면 은행 이자보다는 높은 수익률이 보장된다는 사실을 입증한다.

목돈이 없는 월급쟁이들은 부동산 투자엔 부적합하다. 그렇다면 증시에 눈을 돌려 돈을 조금씩 불려, 목돈을 만드는 게 제1의 목표가 되어야 한다. 이처럼 월급쟁이들의 현실적인 재테크 방법이 바로 주식투자라는 게 존 리 메리츠자산운용 대표의 소신이다. 존 리 대표는 '신입사원, 주식으로 10억 만들기'에서 젊은 월급쟁이를 포함한 주식투자자들이 알아둬야 할 주식투자 노하우를 알려준다. 그는 막 사회생활을 시작한 이들에게 "부자처럼 보이기 위해 비싼 차, 명품백을 사는 것은 가난해지는 지름길"이라며 "그럴 돈으로 10년, 20년 넘게 갖고 있을 주식을 지금부터 사두라"고 강조한다.

주식투자를 하자니 자칫 손해 볼까 겁나고, 턱없이 낮은 예금에 돈을 굴리자니 그건 아니다 싶을 것이다. 초저금리 시대에 투자위험을 줄이면서 은행 예금 금리 플러스알파 수익을 노려보고 싶다면 펀드에 관심을 가질 만하다. 오인석 KB국민은행 투자전략팀장은 올해 펀드 시장을 조망하고, 떠오를 만한 국내외 펀드를 추천하며 그 근거를 제시한다.

　국내 투자환경을 보면, 주식에 투자하기에 아직 증시는 미적지근하다. 그렇다고 언제 뜰지 모를 부동산으로 눈을 돌릴 수도 없는 노릇이다. 돈이 많다면 주식과 부동산 모두 해보겠지만, 주머니 사정은 뻔하다. 고수익을 노릴 때 항상 등장하는 고민이 바로 '주식이냐, 부동산이냐'이다. 그 궁금증을 해소하기 위해 주식 전문가와 부동산 전문가들이 치열한 논쟁을 벌였다. 주식 진영에선 홍성국 KDB대우증권 사장, 최준철 VIP투자자문 대표가 부동산 쪽에선 이남수 신한은행 부동산팀장, 김혜현 렌트라이프 대표가 나서 각자 '왜 주식이 해답인지', '왜 부동산에 투자해야 하는지'에 대한 주장을 펼쳤다.
　일반인들이 궁금해하는 것 중 하나가 바로 부자들은 무얼 먹고, 어떻게 살고 있을까이다. 투자자들도 마찬가지이다. 돈 많은 사람들은 어디에서 돈을 굴리고 있는지 궁금해한다. 이형일 하나은행 PB사업본부장은 '부자들의 재테크 비밀수첩'에서 2015년 부자들의 투자처를 낱낱이 공개했다. 금융자산이 10억 원 이상인 부자 500명을 대상으로 실시한 '2015년 투자 전망' 설문조사 결과를 책에 담은 것이다.

목돈을 쥔 사람들의 최대 재테크 관심사는 역시 부동산이다. 어디에 투자해야 고수익을 기대할 수 있을까. 부동산 고수들은 2015년에 가장 유망한 투자처로 분양 시장을 꼽고 있다. 분양 아파트가 부동산 시장을 주도하리라 예상하는 것이다. 부동산 가운데 분양 시장 최고 전문가로 꼽히는 함영진 부동산114 리서치센터장은 '2015년 10대 유망 분양 시장'에서 분양 시장의 옥석을 가려준다.

금리는 낮아지고 수명은 길어지면서 은퇴 후 생활을 어떻게 준비해야 할지에 대한 고민이 날로 커지고 있다. 이런 걱정을 덜어주는 게 바로 이영철 대신증권 퇴직연금본부장의 조언이다. 탄탄한 노후를 위해 연금은 필수라는 것은 이제 상식이 됐다. 하지만 연금도 투자방법이 있다. 20대에서 50대까지 자신의 현 시점에 맞는 투자전략이 필요하다. 젊을 때 과감하게 투자하다가 점점 안전하게 투자하는 연령대별 퇴직연금 운용 전략을 실전에 적용할 수 있도록 구체적으로 설명해준다.

다음으로 세계 투자 기상도를 살펴보자.

세계적인 투자자 짐 로저스 로저스홀딩스 회장은 자신이 바라보고 있는 2015년의 글로벌 재테크 기상도를 펼쳐 보였다. 로저스 회장은 한국 주식이 왜 제대로 평가받지 못하고 있는지, 그리고 통일이 되면 대박칠 한국 주식을 상세하게 소개했다. 그는 철저한 통일 대박론자이다. 영리한 투자자 짐 로저스가 솔직하게 풀어놓는 투자 전략을 이 책에서 만날 수 있다.

재테크 하면 돈을 더 불리기 위해 펀드나 주식, 부동산에 투자하는 것만 생각하기 쉽다. 하지만 100세 시대에는 나와 내 가족의 건강을 지키는 일도 중요한 재테크이다. 모든 걸 갖추었다고 해도 건강을 지키지 못한다면 오래 사는 게 무의미하다. 이시형 세로토닌문화원장은 '건강관리가 돈 버는 길'에서 건강관리의 내공을 쌓는 비법을 소개했다. 100세 시대를 살아가기 위해서는 금융 자산(생활비)도, 주택 자산(집)도 필요하지만, 가장 중요한 것은 건강 자산이라는 게 그의 주장이다. 그는 평소 '58년생 개띠'라고 장난스럽게 소개하지만 실제 나이는 81세이다.

국내외 최고 재테크 전문가들의 투자 조언 외에도 이 책에는 강연장에서 청중이 던진 날카로운 질문과 이에 대한 연사의 즉답이 고스란히 담겨 있다. 투자자라면 누구나 공감할 수 있는 질문들이 많이 포함돼 있어, 보다 많은 투자자들이 공유할 수 있도록 그대로 옮겨놓았다.

투자를 하다보면 성공할 수도, 실패할 수도 있다. 투자엔 왕도가 없기 때문이다. 하지만 실패를 최소화할 수 있는 길은 얼마든지 있다. 그러려면 수많은 투자 정보 가운데 알짜 정보와 헛된 정보를 가려낼 줄 아는 혜안이 필요하다. 문제는 그런 노하우를 일반인들이 쉽게 알아내기 힘들다는 점이다. 바꿔 말하면, 국내외 최고 고수들이 이 책에 털어놓은 투자 노하우는 그래서 소중하다.

대한민국 재테크 박람회는 대한민국 모든 사람들이 행복한 중산층으로 살아가기를 희망하며 기획했다. 그래서 내건 슬로건이 '행복한 중산층 만들기(행중만)' 프로젝트이다. '행중만 프로젝트'가 완성되어 대한민국이 행복한 중산층으로 가득차기를 희망한다.

대한민국 재테크 박람회가 연이어 성공을 거두고 책이 출간되기까지 아낌없이 성원하고 격려해주신 방상훈 조선일보 사장님과 변용식 전 발행인, 김광현 AD본부장, 강효상 편집국장, 방준호 이사에게 진심으로 감사드린다. 박람회 준비부터 마무리까지 세심하게 챙기고 전폭적으로 지원하신 박종세 경제부장과 특유의 화이팅을 보이며 열심히 일한 후배 이신영 그리고 강연 내용을 다듬기 위해 애써준 이경은, 최형석, 김신영, 박유연, 김은정, 박승혁 등 후배들에게도 고개 숙여 감사드린다. 그리고 성공적인 박람회를 위해 고생해주신 크리스앤파트너스, 책을 내기 위해 박람회를 찾아오는 열의를 보이며 심혈을 기울여주신 푸른숲 출판사에게도 고마운 마음을 전한다.

조선일보 경제부 차장

김영진

3장 2015년, 이런 펀드가 뜬다

오인석 KB국민은행 투자전략팀장

4장 토크배틀 | 2015년, 주식인가 부동산인가

홍성국 KDB대우증권 사장, **최준철** VIP투자자문 대표,
이남수 신한은행 부동산팀장, **김혜현** 렌트라이프 대표

5장 부자들의 재테크 비밀수첩

이형일 하나은행 PB사업본부장

부동산

6장 2015년 10대 유망 분양 시장

함영진 부동산114 리서치센터장

주식과 펀드

이상진

신영자산운용 대표. 1996년 신영자산운용 창립멤버로 합류한 후 2010년부터 대표를 맡고 있다. 단기 성과를 중시하는 자본시장에서 마라토너처럼 꾸준히 페이스를 유지하며 참을성이 부족한 자본시장 에 기다림이라는 가치를 일깨워준 그는 '배당주 고수'로 통하며, 누적 수익률 400%에 빛나는 '신영밸 류고배당 펀드'와 10년 이상 가치주 펀드로 사랑받아온 '신영마라톤 펀드'의 성공신화를 써내려간 주 인공이다.

이런 게 알짜 배당주다

이상진, 신영자산운용 대표

단기투자 불가능 시대가 온다

책에 나와 있는 주식투자의 정의는 이렇다.

"주식이란 배당을 받기 위한 영구 채권이다."

애초에 주식투자는 배당을 받기 위해 하는 것이라는 얘기다. 사실 시세차익은 덤이다. 그런데 성격이 급한 한국인과 배당투자는 궁합이 잘 맞지 않는다. 지하철을 타고도 출구에서 가장 가까운 칸을 찾아 옮겨 다니는 사람은 세계에서 한국인밖에 없지 않을

한국 주요 산업별 매출 추이

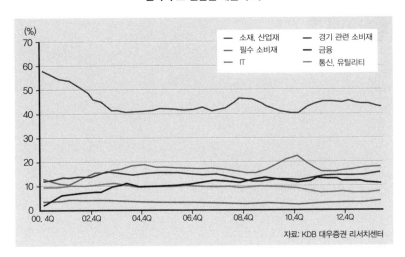

자료: KDB 대우증권 리서치센터

배당주 투자 환경

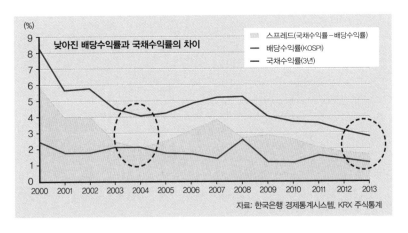

자료: 한국은행 경제통계시스템, KRX 주식통계

까 싶다. 이런 사람들이 배당을 받기 위해 투자한다는 것은 어불성
설이 아닌가.

내가 몸담고 있는 신영자산운용이 투자하는 종목은 평균 보유기간이 5년이 넘는다. 보통 한 종목에 5년 이상 투자하는 것은 약간 맛이 간 사람이나 하는 투자 방법으로 여긴다. 그러나 앞으로는 투자 환경 변화로 좋든 싫든 단기투자가 거의 불가능한 시대가 올 것이다. 현재 우리가 겪고 있는 저성장, 저금리 시대에는 시세차익을 노릴 만한 분야가 많지 않다. 그나마 은행 금리 이상으로 배당을 해주는 종목을 골라 꾸준히 투자하는 것이 가장 바람직하다.

베이비부머든 젊은 세대든 이제 은행 이자만으로는 도저히 살 수 없는 시대다. 요즘 흔히 듣는 '배당주 펀드'는 신영자산운용이 12년 전 처음 만든 것인데, 사실 펀드 이름에 '배당'이란 말을 붙이는 것은 말도 안 되는 일이다. 주식은 당연히 배당을 받기 위한 것이니 말이다. 여기에 굳이 배당이라는 말을 붙인 것은 좀 이상한 일이지만, 한국인이 워낙 배당을 우습게 아는 경향이 있어서 각성을 촉구하는 의미로 어쩔 수 없이 붙인 것이다.

배당은 유행이 아니라 흐름이다

그럼 배당주 투자는 정말로 유효할까?

먼저 그 현황을 알아보자. 2014년 11월에 조사한 결과를 보면 우리나라에서 시가배당수익률이 2퍼센트 이상인 종목은 전체 상장 종목

배당주의 수와 규모

시가배당수익률	종목수	종목당 평균 시가총액(억 원)	종목당 평균 거래대금 (60일 평균, 억 원)
5% 이상	24	1,924	6
4% 이상 ~ 5% 미만	38	1,513	5
3% 이상 ~ 4% 미만	82	9,276	30
2% 이상 ~ 3% 미만	176	6,010	22
1% 이상 ~ 2% 미만	340	14,901	45
0% 초과 ~ 1% 미만	334	12,405	60
무배당	878	2,257	27
전체	1,872	7,005	35

자료: 신영자산운용, FnGuide

1,872개 중에서 300여 개다. 이것은 은행 금리 정도의 시가배당을 해준다는 의미다. 배당률을 1~2퍼센트까지 확대하면 600개가 넘는다.

앞으로는 기업이 고성장할 수 있는 시대가 아니므로 지난 50년간 한국이 고도성장하면서 쌓아놓은 이익을 기업이 분배할 때가 된 것도 사실이다. 만약 정부에서 그것을 요청하면 세제(稅制)도 점점 대주주에게 배당을 주도록 압박하는 쪽으로 바뀔 것이다.

일부 언론은 배당주 투자를 '잠깐의' 유행 정도로 보기도 하는데 사실은 그렇지 않다. 우리가 이미 두 가지 커다란 변화를 맞고 있기 때문이다.

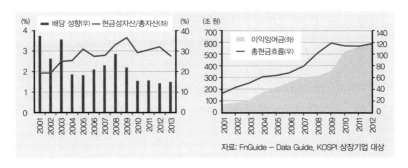

상장기업 현금자산/총자산 비율 및 배당 성향 추이

자료: FnGuide – Data Guide, KOSPI 상장기업 대상

첫째, 기업 구조 개편이 일어나고 있다.

2014년 말 삼성이 그룹사 네 개를 팔기로 결정했다. 이건 무얼 의미하는 걸까? 이젠 삼성이 주력 기업이 아니면 더 이상 억지로 끌고 가지 않겠다는 뜻이다. 핵심 분야에만 집중하고 나머지는 팔아치워 재벌기업 구조를 완전히 바꾸겠다는 의도다. 이는 그만큼 경제 상황이 좋지 않다는 뜻이기도 하다. 과거에는 상태가 그리 좋지 않은 기업도 '삼성' 브랜드를 붙이면 대충 끌고 갈 수 있었지만, 이제는 아무리 삼성 이름을 붙여도 안 되는 건 안 된다. 삼성은 '세계에서 10퍼센트 안에 들어가지 않는 기업체는 팔고 잘하는 것에 집중하겠다'는 의도를 보여주고 있다.

포스코 역시 포스코특수강을 세아베스틸에 매각했다. 주력업체가 아니므로 잘라낸 것이다. 앞으로 우리나라의 많은 그룹이 주력업체가 아닌 회사를 매각할 전망이다.

기업이 경쟁력을 갖추기 위해 집중화할수록 이익은 더 커진다. 이제는 ROE, 즉 자기자본 대비 수익률이 10~15퍼센트가 되지 않는 기업체는 과감하게 정리하겠다는 것이 경제계의 진행 방향이다. 바야흐로 주력 기업이 이익을 더욱더 창출하는 시대로 접어들고 있다.

이익을 더 많이 창출하면 기업은 그 이익을 어떻게 할까? 아무래도 배당을 많이 할 수밖에 없다. 아니면 자사주를 사들이는 '바이 백(buy back)'을 할 수도 있다. 과거에는 배당하지 않고 비상장계열사를 통해 일감을 몰아준 뒤, 대주주가 그 이익금을 간접적으로 가져가는 방식이 얼마든지 통했다. 그러나 지금은 그런 것이 불가능하므로 대주주 입장에서도 배당을 더 지급하는 것이 유리하다.

둘째, 지금은 전 세계적으로 저성장 시대다.

설령 기업이 이익을 남겨도 엄청난 돈을 들여 신규 투자할 만한 투자처가 마땅치 않다. 이것은 전 세계적인 현상으로 한국뿐 아니라 일본, 미국, 유럽 심지어 중국도 그렇다. 자동차, 조선, 철강, 화학 할 것 없이 주요 업종의 생산시설 중 40퍼센트 정도가 유휴 설비로 놀고 있다. 추가로 설비를 마련해 대량생산해서 돈을 버는 시대가 끝나가고 있다는 얘기다. 전 세계적으로 사정이 이렇다 보니 기업에 돈이 계속 쌓여도 꼭 필요한 투자처가 아니면 투자하지 않는 시대가 되어버렸다. 결국 기업 이익이 더 쌓여 주주에게 배당할 수밖에 없는 그런 구조다.

이 두 가지 중요한 트렌드 때문에 배당을 한때의 유행으로 볼 수 는 없다. 나는 앞으로 금리가 1퍼센트까지 떨어질 거라고 본다. 금리 가 계속 떨어지면 은행 금리 이상의 배당을 주는 기업이 늘어나고, 이 경우 배당주 투자가 훨씬 더 유효하다.

배당하는 회사가 성장도 잘한다

실제로 미국의 통계는 배당주 투자가 유효하다는 것을 증명해준 다. 1958년 이후 S&P500 지수와 S&P500 고배당 지수의 상승률에 는 엄청난 차이가 존재한다. 현재 4배 가까이 벌어져 있다. 물론 미 국이 배당을 많이 해서 그렇긴 하지만 이 격차는 세월이 갈수록 커 질 전망이다. 유럽도 마찬가지다.

또 하나 중요한 것은 배당을 많이 하는 기업일수록 시간이 가면서 주가가 훨씬 더 많이 오른다는 사실이다. 배당주는 배당을 많이 해 주는 것만으로도 충분히 매력적이다. 배당을 많이 해준다는 것은 기업이 그만큼 튼튼하다는 것을 의미한다. 통계적으로도 고배 당 회사의 70~80퍼센트는 시간이 지날수록 기업 가치가 상 승해 주가가 오르는 것으로 나타나 있다. 이는 미국뿐 아니라 한 국과 유럽도 마찬가지다.

미국 주식시장의 배당주 성과

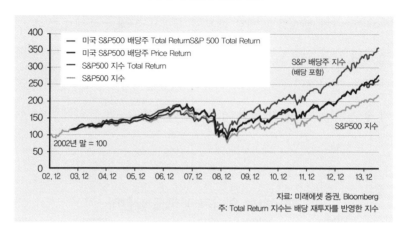

자료: 미래에셋 증권, Bloomberg
주: Total Return 지수는 배당 재투자를 반영한 지수

유럽 주식시장의 배당주 성과

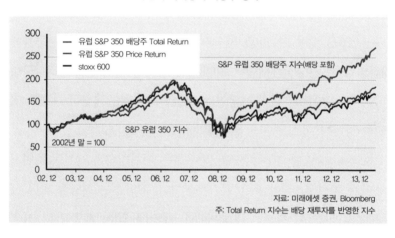

자료: 미래에셋 증권, Bloomberg
주: Total Return 지수는 배당 재투자를 반영한 지수

한국에서도 배당을 많이 해주는 회사의 주가가 훨씬 더 상승한다.
신영자산운용의 밸류고배당 펀드는 약 150개 종목에 투자하는데 배

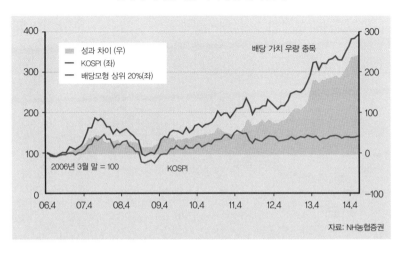

한국 주식시장 배당 가치 우량 종목 분석

자료: NH농협증권

당을 하겠다고 마음먹는 회사의 오너들은 비교적 생각이 건전하다. 기업을 방문하면 나는 주로 CEO를 만나는데 "우리에게 투자한 소액주주들에게 감사하는 마음으로 꼭 배당을 하겠다"고 말하는 경영인일수록 회사도 양심적으로 잘 경영하는 편이다. 소액주주에게 관심을 기울이지 않고 배당에도 무관심한 기업주일수록 기업 자체가 무언가 시원찮고 잘되는 걸 못 봤다. 아무리 시세차익을 보고 소액으로 투자했더라도 소액주주가 자기 회사의 주식을 샀다는 것에 감사하며 뭔가 보답을 하겠다고 생각하는 기업은 잘 풀리게 마련이다.

어떤 경우에도 가장 중요한 리스크는 CEO다. 대주주가 어떤 생각으로 기업을 경영하는가가 가장 중요하다. 대표적으로 스티브

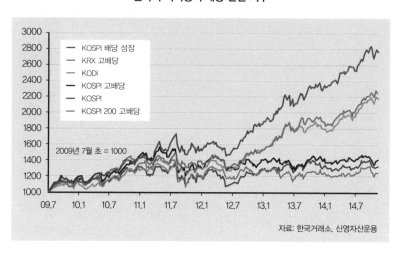

한국 주식시장의 배당 관련 지수

2009년 7월 초 = 1000

- KOSPI 배당 성장
- KRX 고배당
- KODI
- KOSPI 고배당
- KOSPI
- KOSPI 200 고배당

자료: 한국거래소, 신영자산운용

잡스가 사망한 이후 애플의 주가는 내려갔다. CEO나 대주주의 경영 철학과 윤리관은 기업의 가치를 평가하는 데 있어서 가장 중요한 척도다.

최근 한국거래소가 새로운 배당지수를 여럿 내놓았는데 사실 이 것은 그리 중요치 않다. 저금리 시대에 배당주의 메리트는 당연한 것이다.

왜 한국 기업들은 배당에 소홀했나

지금까지 한국의 기업들이 충분한 배당 여력이 있으면서도 배당을 하지 않은 이유로는 크게 두 가지가 있다.

하나는 세금 문제다.

최근까지는 대주주로서 배당을 하지 않아도 이익을 환수할 방법이 많았다. 국내 기업의 대주주는 많게는 약 30퍼센트 내외의 지분을 갖고 있다. 이는 일반 개인이나 기관의 지분이 70퍼센트에 이른다는 의미다. 자신의 지분 30퍼센트로 70퍼센트의 소액주주를 지배하는 대주주는 3배의 레버리지 효과를 누리는 셈이다. 사실 회사의 재산 중에 자기 것은 30퍼센트인데, 그런 대주주에게 회사 재산의 30퍼센트만 당신 소유냐고 물어보면 결코 그렇다고 대답하지 않는다. 대개는 다 내 것이라고 생각한다. 30퍼센트 소유자가 100퍼센트의 재산권을 행사할 수 있었던 이유는 배당을 하지 않아도 충분히 이익을 향유할 방법이 있었기 때문이다. 이제는 그렇게 하면 법의 처벌을 받는다.

실제로 최근 현대자동차는 거액을 주고 삼성동의 한전 부지를 샀다가 글로벌 주주들에게 집중 포화를 받았다. 기업을 그냥 오너 마음대로 할 거라면 상장을 하지 말아야 한다. 겨우 몇 십 퍼센트의 소유권만 갖고 있는 사람이 전체를 자기 마음대로 휘둘렀다가는 역풍을 맞는 시대다. 이제는 대주주도 나머지 소액주주와

협력할 수밖에 없는 그런 시대가 왔다.

다른 하나는 개인투자자의 변화다.

그동안 배당에 관심이 없던 개인투자자들도 이젠 변했다. 투자자가 배당에 관심이 없는데 군이 대주주가 배당에 신경 쓸 이유가 뭐가 있겠는가? 오늘 주식을 사서 내일 파는데 뭐 하러 배당을 하려고 하겠는가. 이런 풍토 때문에 한국은 배당수익률이 전 세계에서 가장 낮다.

하지만 환경이 바뀌면서 슬슬 배당이 올라가고 있다. 내가 볼 때 우리나라도 4~5년 지나면 배당수익률이 4~5퍼센트에 이를 것 같다. 배당 세제 개편으로 세금 문제도 매우 유리하게 바뀌었다.

그렇다고 배당률만 보고 배당주에 투자하라는 건 절대 아니다. 주식은 사업의 우수성과 재무적 안정성, 우수한 경영진 등을 종합적으로 따져서 골라야 한다.

어디가 '좋은 기업'인가?

현재 국내 60여 개 자산운용사에 물어보면 모두가 "가치투자를 한다"고 대답한다. '저평가된 종목', '저평가된 주식'에 투자한다는 얘기인데 사실 어떤 주식이 저평가되었다는 개념은 모두 다른 뜻이다.

여러분은 '주식'에 투자하는가 아니면 '좋은 기업'에 투자하는가?

대개는 좋은 주식에 투자하려 할 것이다. 흔히 말하는 좋은 주식이란 매입해서 금방 가치가 올라가는 주식을 의미한다. 즉, 오늘 아침에 샀는데 상한가로 끝나는 종목, 매입해서 3개월 안에 40~50퍼센트의 수익을 내는 종목이다. 이들에게는 무조건 주가가 오르는 주식이 좋은 주식일 뿐 회사가 부도나든 말든 상관하지 않는다.

배당주 선정 기준

사업의 우수성	주된 사업 부문에서 높은 경쟁우위로 안정적인 현금흐름 창출 또는 주된 사업 부문의 높은 성장성. 배당수익률, ROE, 영업이익률, 매출성장률, 영업이익성장률 등의 지표 참고.
재무적 안정성	최소한 부도 리스크가 없고 평균 수준 이상의 재무적 안정성. 부채비율, 차입금비율, 이자보상배율 등의 지표 참고.
우수한 경영진	경영진의 경영 능력, 사업 전략이 우수할 것. 기업 지배구조상의 문제가 없고 경영진이 주주의 이익을 위해 노력할 것.
내재가치 대비 저평가	적정 내재가치 대비 현저히 저평가되어 있을 것. 정량적, 정성적 측면을 종합적으로 판단. 현금흐름 할인모형, PER, PBR, PSR, EV/EBITDA 등의 평가 방법으로 평가.
일관된 배당 정책	꾸준하고 안정적으로 배당을 지급하는 기업. (1)기업 이익과 관련된 배당 성향 (2)재무 상태와 관련된 최소한의 배당 수준 등 그 나름대로 배당 정책이 있는 기업. 이를 투자자에게 알리고 실천해온 기업.
적정한 배당 성향	재무 정책이 배당, 투자, 사내 유보 사이에서 균형을 이루는 기업. 지나치게 높은 배당 성향은 (1)실적 악화 시 예상치 못한 배당 감소로 이어질 수 있고 (2)유사시 재무적 안정성을 해칠 수 있으며 (3)기업의 장기적인 성장을 통한 기업 가치 제고에 부정적.
배당수익률	높으면 높을수록 좋다. 즉 주가가 충분히 쌀 때 투자하는 것이 중요. 최소한 2~3% 수준 이상의 시가배당수익률. 다만 지나치게 과도한 배당으로 인해 배당수익률이 높은 것이 아닌지 주의.

장기성과 우수 배당주 (예시)

종목명	과거 10년간(2003년 말~2013년 말)			
	누적수익률 (배당 포함)(%)	연평균수익률 (배당 포함)(%)	배당수익률 평균 (%)	배당 성향 (%)
KOSPI	186	6.4	1.5	21
한국쉘석유	4,043	45.1	15.6	89
화천기공	2,123	36.4	4.8	17
진로발효	2,050	35.9	6.2	50
휴켐스	1,711	33.6	4.5	48
모토닉	1,222	29.5	4.7	24
동서	1,111	28.3	3.8	33
경동제약	1,050	27.7	4.9	39
미창석유	910	26.0	5.7	17
조선내화	881	25.7	4.4	33
상신브레이크	879	25.6	5.5	30
경농	858	25.4	4.8	32
조광페인트	851	25.3	6.2	24
한국기업평가	691	23.0	6.6	67
KT&G	585	21.2	4.8	53
삼화페인트	554	20.7	5.8	38
휴스틸	544	20.5	7.8	24
가온전선	520	20.0	4.6	31
부산가스	484	19.3	5.4	39
세아베스틸	410	17.7	4.4	31
E1	395	17.3	3.5	26

자료: FnGuide, 신영자산운용
대상 기업: 12월 결산 유가증권/코스닥 상장 기업, 시가총액 1,000억 원 미만 종목 제외
배당수익률: 연말 배당금/연초 주가(%)

그렇게 열심히 노력해서 돈을 벌었는가? 아마 2014년에는 개인투자자들의 99퍼센트가 돈을 잃었을 것이다. 어느 해든 마찬가지다. 한 해 벌어도 이듬해엔 2배로 손해를 봤을 게 뻔하다. 이것이 개인투자자들의 기본적인 패턴이다.

그러면 '좋은 기업'에 투자한다는 것은 어떤 의미일까? 좋은 기업에 투자해 그 기업과 좋은 파트너로 갈 경우 분명 기대하는 수익을 낼 수 있다.

지난 10년 동안 배당주 펀드에 속한 기업들의 수익을 보면 놀라울 정도다. 한국쉘석유의 주가는 배당 수익을 포함해 지난 10년간

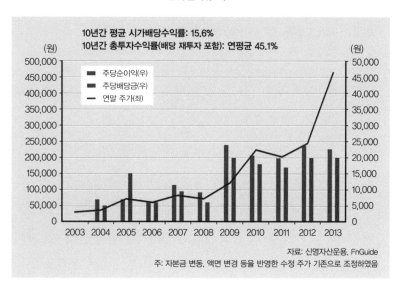

한국쉘석유 차트

10년간 평균 시가배당수익률: 15.6%
10년간 총투자수익률(배당 재투자 포함): 연평균 45.1%

주당순이익(우)
주당배당금(우)
연말 주가(좌)

자료: 신영자산운용, FnGuide
주: 자본금 변동, 액면 변경 등을 반영한 수정 주가 기존으로 조정하였음

40배나 올랐다. 대한민국에서 10년간 40배 오른 땅이 있는가? 아파트는 어떠한가? 화천기공, 진로발효, 휴캠스, 모토닉, 동서, 경동제약, 미창석유, 조선내화, 상신브레이크, 경농, 조광페인트, 한국기업평가, KT&G 한국담배인삼공사, 삼화페인트, 휴스텔, 가온전선, 부산가스, 세아베스틸, E1 같은 회사도 마찬가지다. 이들 기업의 이름을 쭉 보면 어떤 생각이 드는가? 이 중에서 화려한 IT 기업이 있는가? 거의 없다. 대단한 하이테크주가 있는가? 없다. 다들 전통적인 산업에다 이름도 촌스럽다. 그렇지만 만약 지난 10년간 이들 회사에 투자를 했다면 다른 어떤 곳에 투자한 것보다 높은 수익률을 냈을 것이다.

성장주·가치주, 종목 발굴 노하우

신영자산운용의 경우 기업을 고를 때 두 가지를 조심한다. 우선 하이테크 주식에는 별로 투자하지 않는다. 그다음으로 회사 이름이 긴 영문이면 피한다. 지금은 영어가 거의 남발 수준이라 툭하면 무슨무슨 테크놀로지(technology)라고 이름을 붙인다. 심지어 산소용접가스를 파는 회사도 에어테크라고 이름을 짓는다. 영어 이름으로 길게 나열한 회사만 피해도 70퍼센트의 성공 확률이 있다. 긴 영어 이름인데 대체 뭐 하는 회사인지 잘 모르거나 어려운 이름을 붙인 회사를 피하면 비교적 안전하다. 반대로 미창석유, 조선내화처럼 좀 촌스러워도 토박이 이름이 붙을수록 괜찮은 회사다.

물론 '테크놀로지'를 붙인 회사가 좋을 수도 있는데 그게 워낙 자주 바뀌다 보니 정말 요지경 속 같다. 세상에 소니, 노키아, 모토로라가 저렇게 될 줄 누가 알았겠나? 코닥필름이 망할 거라고 누가 상상이나 했는가? IBM이 죽었다가 살아날 줄 몰랐던 것처럼 애플의 미래도 알 수 없다. 지금은 벌써 마이크로소프트가 구글에 밀려나 비실비실하고 있다.

혹시 이걸 아는가. 지난 50년간 미국에서 가장 수익이 높았던 회사는 마이크로소프트나 구글이 아니라 추잉껌 회사다. 진짜 주식은 의식주와 관련된 종목 중에서 찾으면 거의 틀림없다. 테크놀로지를 잘 안다면 그 주식을 사도 상관없지만 잘 모르는 일반 투자자가 풍문만 믿고 사는 것은 곤란하다. 각종 주식 사이트를 보면 '이게 좋습니다'라면서 추천을 하는데, 나 같으면 좋은 정보를 혼자 알고 있지 절대 공유하지 않는다. 가끔 떠도는 3,000만 원으로 100억을 만든 얘기의 주인공은 대체 누구일까? 과연 이 지구상에 존재하기는 하는 걸까? 3,000만 원으로 100억을 만들었다는 것은 말도 안 된다. 3,000만 원으로 6,000만 원만 만들어도 아주 잘한 것이다. 그것이 현실적인 얘기다.

주식에 고수란 없다

이제 우리 좀 솔직해지자.

60세가 넘었는데 재테크로 돈을 벌겠다고 나서는 중이라면 안됐지만 포기하시라. 왜 그러냐고? 60세까지 돈을 못 벌었는데 60세 이후에 무슨 수로 돈을 많이 벌겠다는 것인가. 젊어서 머리가 잘 돌아갈 때 벌지 못한 돈을 60세가 넘어 오락가락하는 바람에 '예술의 전당'을 '전설의 고향'이라고 말하면서 많은 돈을 벌려고 하는 것은 솔직히 욕심이다.

60세 이후에 돈을 버는 최상의 방법은 국민연금 수령이고 차선책은 은행 이자 수입이다. 그리고 마지막이 자산의 30퍼센트 정도를 보수적으로 투자하는 것이다. 한마디로 최대한 절약하고 가급적 쓰지 않아야 한다. 개별 주식투자는 결코 권하고 싶지 않다. 전문가들도 쩔쩔 매는 주식시장에서 기억력마저 긴가민가 수준인데 어찌 돈을 벌겠는가. 운용회사 펀드매니저는 주식투자를 잘할 것 같지만 열 종목에 투자하면 세 개가 쓸 만하고, 네 개는 코스피만큼 오른다. 그 나머지 세 개는? 손해를 본다.

주식에 고수는 없다. 미국에서 한때 헤지펀드가 유행했지만 지금은 그들 대부분 죽을 쑤고 있다. 절대 고수를 믿지 마라. 고수란 존재하지 않으므로 자칭 고수를 믿어서는 안 된다.

배당에 꾸준한 회사에 투자하라

나는 믿을 거라고는 내 주머니 속의 돈밖에 없다는 신념으로 배당주 투자를 한다. 지향하는 목표수익률은 은행 금리의 두세 배 정도다. 그래서 나는 강연을 할 때마다 외친다.

"만약 제가 연간 50퍼센트, 100퍼센트 수익을 낼 수 있다면 절대로 여기서 강연하지 않을 겁니다. 있는 돈 몽땅 긁어서 거기에 투자하지요. 그걸 뭐 하러 제가 여러분께 떠벌리겠습니까? 주식시장에서 돈 번 사람은 소리 없이 사라집니다. 그저 돈을 '조금' 번 사람만 떠들 뿐이지요."

현재 신영자산운용이 굴리는 밸류고배당 펀드 설정액이 3조 원인데, 거기에 담은 기업들의 평균 배당수익률이 1.9퍼센트다. 앞으로 이들 기업은 배당수익률을 더 올리려고 노력할 것이다.

커피믹스를 만드는 동서식품은 배당도 많이 주고 주당순이익도 엄청 올리는 대단한 회사다. 많은 회사가 커피믹스 시장에 뛰어드는 바람에 최근 경쟁이 치열해졌지만, 여전히 좋은 회사임에 틀림없다.

부탄가스를 생산하는 E1도 지금은 주가가 최고치 대비 반 토막이 났으나 최고치로 환산하면 엄청나게 오른 종목 중 하나다. 신영자산운용은 이 회사의 주식을 14년 가까이 보유하고 있는데 이는 배당수익률이 매우 높기 때문이다. 무엇보다 부탄가스는 1년, 2년을 둬도 썩지 않아서 떨이로 팔지 않아도 되고 재고품 관리 문제가 전혀 없

동서 차트

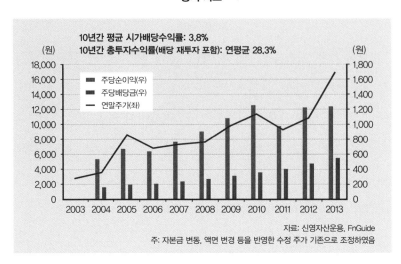

10년간 평균 시가배당수익률: 3.8%
10년간 총투자수익률(배당 재투자 포함): 연평균 28.3%

(원) | (원)

- 주당순이익(우)
- 주당배당금(우)
- 연말주가(좌)

18,000 / 16,000 / 14,000 / 12,000 / 10,000 / 8,000 / 6,000 / 4,000 / 2,000 / 0

1,800 / 1,600 / 1,400 / 1,200 / 1,000 / 800 / 600 / 400 / 200 / 0

2003 2004 2005 2006 2007 2008 2009 2010 2011 2012 2013

자료: 신영자산운용, FnGuide
주: 자본금 변동, 액면 변경 등을 반영한 수정 주가 기존으로 조정하였음

E1 차트

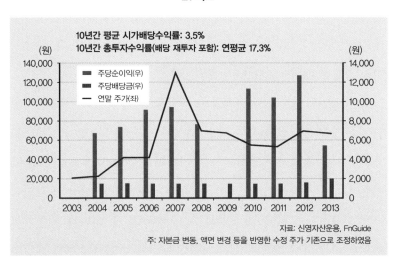

10년간 평균 시가배당수익률: 3.5%
10년간 총투자수익률(배당 재투자 포함): 연평균 17.3%

(원) | (원)

- 주당순이익(우)
- 주당배당금(우)
- 연말 주가(좌)

140,000 / 120,000 / 100,000 / 80,000 / 60,000 / 40,000 / 20,000 / 0

14,000 / 12,000 / 10,000 / 8,000 / 6,000 / 4,000 / 2,000 / 0

2003 2004 2005 2006 2007 2008 2009 2010 2011 2012 2013

자료: 신영자산운용, FnGuide
주: 자본금 변동, 액면 변경 등을 반영한 수정 주가 기존으로 조정하였음

다. 이 회사의 2014년 배당수익률은 약 3퍼센트다.

깊은 산속에서 길을 잃었을 때 길을 찾는 방법은 시냇물을 따라가는 것이다. 시냇물은 밑으로 흐르는 까닭에 따라가다 보면 마을이나 큰 강을 만나게 마련이다. 나는 배당주를 따라가는 것이 생명선인 시냇물을 따라가는 것과 똑같다고 생각한다. 배당을 따라가다 보면 투자라는 큰 강을 만나고, 그 투자의 강은 반드시 여러분을 수익이라는 길로 안내한다. 배당주는 배당을 보고 투자하면 절대 실패할 이유가 없다. 단, 외국인 투자자들이 무리하게 배당을 빼가는 회사는 조심해야 한다. 그렇지 않고 정상적이라면 지난 5~10년간 꾸준히 배당을 해온 회사에 투자할 경우 좋은 성과를 낼수 있다.

어떤 펀드를 골라야 할까

신영자산운용이 밸류고배당 펀드를 출시한 지 벌써 12년째다. 설정 후 펀드수익률이 약 513퍼센트인데 그걸 처음 만든 2003년에 판매 보수와 운용 보수를 모두 합쳐 1.43퍼센트를 받았다. 당시 대부분의 주식형 펀드가 2.2~2.3퍼센트를 받을 때, 1.43퍼센트로 낮춘 것이다. 그때 목표수익률이 소박하게도 15퍼센트 내외였기 때문이다. 대다수 펀드가 30~40퍼센트의 수익을 말할 때, 매년 10~15퍼센트의 목표수익을 내겠다고 약속한 터라 2퍼센트 이상의 수수료는 과하다고 여겼다. 현재 은행 금리가 2퍼센트인데 주식형 펀드의 수수료를 2퍼센트 이상 받는 것은 잘못된 것이라 생각한다.

펀드를 고르는 것은 무척 힘든 일이다. 지금 나와 있는 공모주 펀드만 해도 1,700개가 넘는다. 상장주식 수도 1,700개쯤 된다. 그러므로 펀드를 고르려 하지 말고 40여 개의 운용회사 중에서 고르는 것이 좋다. 다만 배당주의 인기가 오르자 여러 곳에서 배당주 펀드를 출시하는 바람에 50개가 넘으므로 잘 골라야 한다.

지난 19년 동안 신영자산운용은 전체 운용사 중 수익률 꼴찌를 서너 번 해봤고, 일등도 서너 번 했다. IMF는 물론 금융위기도 겪었다. 제대로 된 운용사, 제대로 된 펀드매니저라면 최소한 위기를 한두 번은 겪어봐야 한다고 생각한다. 업력이 20년 이상일수록, 오래된 회사일수록 묵은 간장처럼 깊은 맛을 내는 법이다.

반드시 알아야 할 질문과 답변

최근 배당주 펀드에 돈이 많이 몰리면서 '공룡 펀드'가 되어버렸는데, 앞으로 수익률이나 리스크 관리가 어렵지는 않을지 걱정스럽다.

설정액이 3조 원을 넘었으니 공룡 펀드는 맞다. 한데 중요한 것은 국내 상장사들의 시가총액이 1,300조 원이라는 사실이다. 이제 가치주나 배당주 영역도 넓어지고 있다. 삼성전자조차 더 이상 성장주가 아닌 가치주로 보고 있다. 현대중공업도 마찬가지다. 현대자동차는 조만간 가치주로 바뀔 거라고 본다. 지금의 3조 원 중에는 대형 소재 산업주가 제법 들어가 있다. 대형주가 약 56퍼센트, 중소형주가 20퍼센트, 우선주가 9퍼센트 정도다.

신영자산운용이 설정액이 3조 원이고 전체 배당수익률이 2퍼센트에 가깝다는 것은 배당 관리를 잘한다는 뜻이다. 2015년에도 펀드 규모가 3조가 되든 4조가 되든 배당수익률을 2퍼센트 이상 낼 것으로 예상한다. 우리는 현재 총 13조 원을 관리하는데 앞으로 3~5년 안에 이 돈을 25조 원으로 만드는 게 목표다. 운용을 잘해서 자산을 25조로 불리겠다는 얘기다. 약 80퍼센트는 상승하는 것이 아닌가. 추구하는 방향이 올바르다면 돈의 규모는 크게 문제될 것이 없다.

동서식품을 좋은 기업이라고 극찬했는데 최근 그 회사에서 윤리적인 문제가 불거지지 않았는가. 그래도 좋은 회사라고 평가할 수 있을까? 또 향후 배당 압력을 더 높이겠다는 의지를 보였는데 구체적으로 어떤 계획인지 궁금하다.

사실 동서는 상당히 실망스럽다. 신영자산운용도 이미 상당부분 팔고 있는 종목 중 하나다. 그 사건(대장균이 검출된 제품을 폐기하지 않고 재사용해 적발된 일)이 터지긴 했지만 그전까지 약 10년간 잘해온 주식이다. 여하튼 그런 식으로 장사를 하는 것은 있을 수 없는 얘기다. 과거에 남양유업도 불미스러운 이슈가 불거져 매일유업에 역전당하지 않았나. 기업이 그렇게 해서는 안 된다. 특히 식품회사는 엄격하게 관리해야 하기 때문에 우리는 블랙리스트를 기록한다. 동서가 앞으로 잘할 수 있을지 좀 더 두고 볼 생각이다.

우리는 지금까지 배당을 많이 하는 회사 위주로 투자했고 덕분에 굳이 배당을 더 해달라고 말할 필요는 없었다. 앞으로는 이제까지 배당에 무심하던 종목들을 조금씩 펀드에 추가하면서 주총에도 참석하고 비공식적으로 배당 성향을 진지하게 충고할 생각이다.

투자 초심자인데 이런저런 책을 읽다 보니 고수익을 낸 사례를 많이 접했다. 해외 유명 헤지펀드인 르네상스 테크놀로지스의 제임스 시몬스(James Simons)는 금융공학을 기반으로 고수익 투자를 했다는데, 국내에서도 금융공학을 활용한 투자를 많이 하고 있는지 궁금하다.

사실 우리나라에는 헤지펀드를 할 만한 규정이나 법이 잘 정리되어 있지 않다. 반면 약 400년의 투자 역사를 자랑하는 미국, 영국 등이 해외에 나가는 것은 매우 자연스러운 일이다. 동인도회사 시절부터 주식회사를 만들어 투자한 그들의 역사에 비해 우리나라의 투자 역사는 20~30년밖에 안 된다. 나도 외국 회사에서 약 4년간 근무했는데 오히려 최근에 더 자신감을 얻었다. 2008년의 글로벌 금융위기는 거의 사기꾼이나 다름없는 서양의 금융인들이 일으킨 게 아닌가. 그들이 1997년 외환위기 때 "한국 기업들 엉망이다, 금융 관리가 개판이다"라고 평가했는데 내가 보니 그쪽도 개판이었다. 금융위기를 겪고 나서 우리나라도 서양 금융에 전혀 밀릴 게 없다는 걸 알았다.

문제는 우리나라 운용 인력들의 언어 장벽이다. 크로스 보드 딜 (Cross Board Deal, 해외 기업 인수합병) 투자 노하우가 부족한 것만큼이나 영어 실력이 절대적으로 부족하다는 것이 아쉽다. 해외에 나갈 때는 영어가 가장 큰 무기다. 그런 측면에서 미국인은 일단 유리하다.

외국이든 우리나라든 헤지펀드, 크로스 보드 딜 투자 방면에서 능수능란한 곳은 거의 없다. 어디를 가나 한 번 성공하면 한 번은 실패한다. 확률이 50퍼센트 수준이다. 지난 5년간 미국의 헤지펀드 성적이 일반 펀드보다 훨씬 못한 것을 보면 역시 절대 강자는 없다는 생각이 든다. 결국 소박하게 좋은 기업의 주식을 사서 기다리는 투자가 정석인 것 같다. 나도 수많은 투자 방법을 연구하고 시험도 해봤지만 워런 버핏처럼 좋은 주식을 사서 오래 기다리는 것밖에 길이 없는 듯하다. 잔재주는 별로 도움이 되지 않는다.

존 리

메리츠자산운용 대표. 연세대를 중퇴하고 미국으로 건너가 27년간 월가(街)에서 일했다. 월가에서 "한국 주식은 존 리에게 물어보라"는 말이 있었을 정도로 한국 주식 시장에 정통하고, 월가 최초로 한국 기업에 투자하는 '코리아 펀드'를 결성해 큰 성공을 거두었다. 그가 대표를 맡고 나서 메리츠자산운용은 2014년 업계 2위로 단숨에 뛰어올랐다. 월급을 은행에 쌓아놓는 것을 '보장된 손실'이라고 말하는 그는 앞으로 한국의 투자문화를 바꾸겠다는 포부를 가지고 있다. 지은 책으로 《왜 주식인가?》가 있다.

2장

신입사원,
주식으로 10억 벌기

존 리, 메리츠자산운용 대표

자본주의 사회에서는 자본가가 돈을 번다

좋든 싫든 우리는 자본주의 사회에서 살아가고 있고 자본주의는 '노동'과 '자본'으로 구성되어 있다. 사람들은 정규직, 비정규직, 그 밖에 여러 노동 환경 등 노동에 대해서는 말이 많지만 자본은 그렇지 않다. 신기한 일이 아닌가. 자본주의에서는 노동과 자본이 항상 함께 있는데 대다수가 노동에만 관심을 보인다. 그러나 자본에 관심을 기울이는 것은 매우 중요한 일이다.

자본주의 사회에서는 누가 돈을 벌까? 자본가? 아니면 노동자? 알고 있다시피 자본가가 돈을 번다. 그러면 신입사원이 회사에 들어가 월급을 모으고 돈을 아껴 50대, 60대가 되었을 때 손자들과 함께 해외여행을 다닐 확률은 얼마나 될까? 내가 볼 땐 0퍼센트다.

택시를 타면 나는 운전기사에게 묻는다.

"어떻게 택시 운전을 하게 되었습니까?"

어떤 분은 대기업 임원이었는데 60대에 은퇴하면서 퇴직금으로 1억을 받았다고 했다. 그것으로 20년, 30년을 살아야 하니 택시 운전을 하지 않을 수 없었던 거다. 자본주의 사회에서는 자본가만 돈을 번다는 원리를 몰랐기 때문이다.

자본가가 되려면 어떻게 해야 할까? 우선 회사를 그만두고 자기 회사를 차리는 방법이 있다. 또 다른 방법으로는 주식에 투자하는 것이 있다. 주식투자는 곧 자본가가 되는 길이다. 미국의 경우에는 많은 회사에서 스톡옵션을 준다. 이것은 직장에 다니는 근로자가 스스로 회사의 주인이 되어 다 같이 부자가 되자는 모델이다. 그런데 한국에서는 스톡옵션을 찾아보기가 무척 힘들다.

자본주의 사회에서는 아무리 열심히 일해도 돈을 벌 가능성이 별로 없다. 그러니까 주식에 투자해서 준비를 해야 한다. 문제는 주식에 대한 인식이 매우 좋지 않다는 데 있다. 한국에서는 TV 드라마조차 주인공이 주식투자로 망하는 얘기를 곧잘 다루고, 부모가 자식에게 "주식투자는 절대 하지 마라"고 말하는 장면을 내보내 좋지 않은 선입견을 부추긴다. 그것을 보면서 나는 깜짝 놀랐다. 자식에게 그런 말을 하는 것은 저주하는 것이나 마찬가지다. 그건 "너, 절대 부자가 되지 마라"고 하는 것과 다르지 않다.

주식투자는 선택사항이 아니라 필수다. 주식투자는 무조건 해야 한다. 단, 여유자금으로 해야 한다. 한 달에 100만 원을 번다면 노후를 위해 10만 원은 주식에 투자해야 한다. 주식투자는 내가 직접 노동을 해서 돈을 버는 게 아니라 자본에게 일을 시켜서 돈을 버는 원리다. 젊은 사람들은 지금 체력적으로 왕성하니까 '열심히 벌어서 노후를 준비하겠다'라고 생각하겠지만, 그것은 쉽지 않은 일이다. 그리고 나이가 들면 몸은 한계에 도달한다. 그러니 미리미리 대비하는 것이 좋다.

술 마실 돈으로 술 만드는 회사 주식을 사라

주식투자는 굉장히 좋은 제도다. 주식을 산다는 것은 그 회사의 근로자가 내 노후를 위해 열심히 일한다는 뜻이다. 그럼에도 불구하고 주식을 잘못 이해한 탓에 혹은 부실기업에 투자했다가 망한 사례가 있어서 주식에 투자하면 안 된다는 인식이 팽배하다. 우리는 반드시 이것을 극복해야 한다. 특히 젊은 사람들은 무조건 주식에 투자해야 한다.

다시 한 번 말하지만 주식은 여유자금으로 해야 한다. 전셋돈을 빼서 하거나 집 살 돈으로 주식을 사면 절대 안 된다. 여윳돈으로 조금씩, 꾸준히 해야 한다. 가만 보면 요즘 젊은이들은 가난해지려고 용을 쓰는 것 같다. 부자처럼 보이려고 명품 가방을 사고 스타벅스 커피를 마시지만 사실 그것은 가난해지려고 발버둥을 치는 것이나 다름없다. 여기에다 술을 너무 많이 마신다. 한국에는 술을 많이 마시고 흥청대는 문화가 있다. 개인적으로 나는 이것을 매우 안타깝게 생각한다. 술 마실 돈으로 술을 만드는 회사의 주식을 사면 얼마나 좋을까.

매일 세 끼를 챙겨먹듯 주식 하라

50대, 60대가 되면 노동력은 한계에 다다른다. 나이는 먹고 돈은 더 벌어야 하는데 회사에서는 나이든 사람을 잘 채용하지 않는다. 그 나이가 되어서 어떻게 먹고살 것인가. 미국 정부는 그걸 파악하고 스톡옵션 제도를 도입했다. 연금만으로는 중산층이 많이 생기지 않으리라는 것을 알았기 때문이다. 한마디로 미국은 직장인들이 강제로 주식에 투자하게 만들었다. 월급의 10퍼센트를 주식에 투자하면 세금혜택을 줘서 주식투자를 유도한 것이다. 어느 바보가 그걸 하지 않겠는가.

현재 나도 그 혜택을 보고 있다. 1985년 첫 직장에 들어갔을 때 월급이 별로 많지 않았다. 그래도 그 제도 덕분에 월급의 10퍼센트를 주식에 꾸준히 투자했다. 몇 년 지나 회사를 옮길 때 확인해 보니까 100만 달러가 넘는 큰돈으로 불어나 있었다. 내가 그 정도까지 많이 투자했나 싶어서 얼마나 놀랐는지 모른다. 사실 월급에서 5~10퍼센트를 뗀다고 먹고사는 데 큰 지장이 있는 건 아니다. 하지만 그 돈을 투자한 사람과 하지 않은 사람의 차이는 엄청나다.

어렸을 때부터 주식투자를 배워야 하는 이유가 여기에 있다. 미국의 경우에는 그런 교육이 보편화되어 있다. 자기 인생에 대해 구체적인 계획을 세우고 살아야 한다. 30대·40대·50대에 내가 어떻게 살 것인지, 내가 어떻게 하면 금전적으로 자유로울 수 있는지 생각해야 한다. 매일 세 끼를 꼬박꼬박 먹듯 자기 돈의 일부를 꾸준히 주식에 투자하라.

은행에 돈을 넣어두는 것이 가장 위험하다

한국에도 연금 펀드가 있는데 여기에 투자하면 세제혜택을 받는다. 그러니 무조건 연금 펀드에 투자하라. 사람들은 대부분 퇴직연금으로 주식투자하기를 거부한다. 주식에 대한 그릇된 인식 때문에 퇴직금을 보통 원금 보장 펀드에 넣고 이자를 받는다. 이러한 원금 보장형 투자가 가장 좋지 않은 방법인데 말이다. 원금을 보장받는다는 것은 돈을 은행에 그냥 넣어두는 것이나 마찬가지다. 은행에 돈을 넣어두는 것이 가장 안전할 것 같지만 실상은 가장 위험한 자산이다.

원금을 지키는 투자는 생각보다 안전하지 않다. 이것은 내 자본더러 일하지 말라고 하는 것과 같다. 그건 자본을 감옥에

세계 각국의 퇴직연금 현황

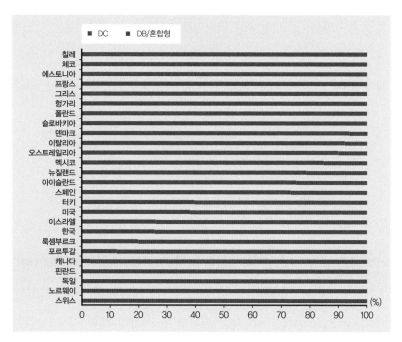

가두는 짓이다. 20년 후에 찾을 퇴직연금을 은행에 넣어두는 것은 바보 같은 투자 방법이다. 여러분은 새벽부터 일어나 열심히 일하지 않는가. 노동력은 그렇게 부리면서 왜 더 열심히 일을 시켜야 할 자본은 놀게 내버려두는가. 은행에 자본을 넣어두는 것은 '확정된 손해'다. 그럼에도 불구하고 대한민국 근로자의 대다수가 DB형(확정급여제도) 펀드를 가지고 있다.

일본에 '잃어버린 20년'이 찾아온 이유가 무엇인지 아는가? 간단히 말하면 부의 80퍼센트를 20퍼센트의 노인들이 갖고 있기 때문이다. 일본의 노인들은 자산을 안전한 은행에 넣는 것이 최고라고 착각한다. 그래서 어떻게 되었는가? 잃어버린 20년이 왔다. 과연 대한민국은 크게 다를까? 지금처럼 가만히 있다가는 일본의 전철을 밟을 확률이 높다. 이제라도 퇴직연금, 연금 펀드부터 들고 주식투자를 시작해야 한다.

주식투자로 돈을 잃은 사람들의 공통점

내가 주식투자를 하라고 말하니까 사람들이 나를 반쯤은 사기꾼으로 보는 것 같다. 실제로 주식투자를 해본 어떤 사람은 내게 "주식은 죽어도 하지 않겠다"고 말했다. 5년 동안 주식투자를 했는데 마이너스라고 했다. 또 다른 사람들도 만나봤지만 돈을 벌었다는 사람이 없었다. 왜 그럴까? 그들이 돈을 벌지 못한 이유는 주식투자를 한 게 아니라 도박을 했기 때문이다. 도박과 투자는 다르다. 그들은 주식을 잘 이해하지 못한 것이다.

주식투자를 하려면 우선 기본적인 철학이 있어야 한다. 왜 주식에 투자해야 하는가? 주식투자를 하는 여러분은 자본가가 되는 것이지 도박꾼이 되는 것이 아니다. 자본가가 된다는 것, 주식을 산다는 것은 곧 한 회사의 일부를 사는 것이나 마찬가지다. 그러니까 공부를 해야 한다. 주식은 그 회사가 사업을 잘해서 돈을 벌면 나도 돈을 버는 원리다. 즉, 동업 관계다. 그런데 미국과 달리 한국에서는 그렇게 생각하는 사람이 별로 없다.

주식투자로 돈을 잃은 사람에게는 공통점이 있다.

먼저 주식투자를 잘못 이해하고 있다. 흔히 주변에서 누가 주식으로 돈을 벌었다더라 하는 얘기를 듣고 쉽게 돈을 버는 길로 착각한다. 또 주식을 계속 사고팔아야 돈을 버는 것으로 생각한다. 그런 행위를 '마켓 타이밍'이라고 한다. 그들은 주식투자를 주가가 조금 내렸을 때 사서 오르면 팔고, 또 사서 오른 뒤에 파는 지극히 그럴듯한 장사로 본다. 정말 그렇다면 세상 사람들 모두가 그런 식으로 돈을 벌었을 것이다.

카지노에서 부자가 되었다는 사람이 없듯 주식투자도 마찬가지다. 카지노에서 돈을 거는 것처럼 투자를 하면 돈을 벌 수 없다. 한국에서는 주식을 사놓고 깜빡 잊은 사람 아니면 이민을 갔다

온 사람 외에는 거의 다 주식시장에서 돈을 잃었다.

소위 전문가라고 불리는 사람들도 마찬가지다. 증권회사 직원들도 그렇게 해서 돈을 버는 것으로 착각하고 있다. 가령 포스코 주식을 10만 원에 사서 11만 원에 팔았다고 아주 좋아하며 스스로를 천재인 줄 안다. 만약 9만 원에 샀는데 8만 원으로 떨어지면 즉각 손절매를 한다. 이렇게 일 년에 사고팔고를 수십 번도 넘게 한다. 대다수가 그렇게 하는데 그것은 주식투자가 아니라 카지노에서 도박을 하는 것과 같다.

큰돈을 버는 주식투자법

주식은 오래 갖고 있어야 한다. 내가 코리아펀드를 운영할 당시 회전율(일 년에 주식을 사고파는 비중)이 약 15퍼센트에 불과했다. 그래도 큰돈을 벌었다. 지금은 많이 내려갔지만 한국은 평균 회전율이 200~300퍼센트에 달한다. 과거에는 무려 2,000퍼센트가 넘었다. 그건 도박을 한 것이지 주식투자를 한 게 아니다.

여러분이 투자하는 펀드도 마찬가지다. 내가 한국 펀드 마켓을 보니 미안한 얘기지만 나 같으면 가입하지 않을 펀드가 수두룩했다. 내 눈에는 펀드매니저가 도박을 하는 것으로 보였다. 주식에 대한 근본적인 이해가 없으면 숱한 시행착오를 겪으면서 투자를 잘못해

코리아펀드의 수익률

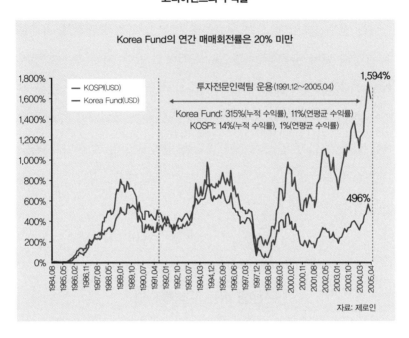

Korea Fund의 연간 매매회전률은 20% 미만

투자전문인력팀 운용(1991.12~2005.04)

Korea Fund: 315%(누적 수익률), 11%(연평균 수익률)
KOSPI: 14%(누적 수익률), 1%(연평균 수익률)

1,594%

496%

— KOSPI(USD)
— Korea Fund(USD)

자료: 제로인

돈을 잃고 만다. 따라서 투자와 도박의 차이를 반드시 알고 있어야 한다.

투자 철학을 갖췄다면 그다음에는 '어떤 주식을 사야 하는 가'를 공부해야 한다. 공부할 시간이 없거나 이해하기가 힘든 사람은 좋은 펀드를 골라서 투자하는 것도 좋다. 한국인은 아직도 시장을 예측하려 한다. 그래서 이상한 펀드가 많이 나오는 것 같다. 예를 들면 지수가 1800~2000선에서 왔다 갔다 할 거라 예측하고 그것을 이용하는 펀드가 나온다. 나조차 이해할 수 없는 난해한 펀드가 너무 많고 굉장히 복잡하다. 주식투자는 간단해야 한다. 가장 중요한 포인트는 이것이다.

'좋은 주식을 오래 가지고 있으면 큰돈을 번다.'

위험을 줄인답시고 이상한 상품을 집어넣고 사람을 현혹하는 것은 좋은 펀드가 아니다. 가장 좋은 펀드는 가장 이해하기 쉬운 펀드다.

리스크 줄이는 방법

주식은 위험한가? 위험하다. 그것도 아주 위험하다. 자본주의 사회에서는 고위험(high-risk), 고수익(high-return)이 기본 원칙이다. 즉, 높은 수익을 얻으려면 위험을 두려워해서는 안 된다. 지레 겁 먹지 말자. 비록 딱 세 가지밖에 없긴 하지만 위험을 줄이는 방법이 분명 존재한다.

첫째, 여유자금으로 투자한다.

둘째, 장기투자를 한다.

단기투자는 상당히 위험하다. 주가가 어떻게 변할지 정확히 예측할 수 있는 사람은 없다. 주가는 사려는 사람이 많으면 올라가고 파는 사람이 많으면 내려간다. 오늘도 수많은 사람이 그걸 알아맞히겠다고 노력하지만 그건 바보 같은 짓이다. 수천만 명이 주식시장에 들어오는데 사는 사람이 많은지, 파는 사람이 많은지 그걸 어떻게 알아맞힌단 말인가. 제발 쓸데없는 짓은 하지 마라. 주식투자는 카지노 게임이 아니다.

반면 장기투자는 얘기가 다르다. 장기적으로 주가는 그 회사의 가치에 접근하게 마련이다. 그러므로 좋은 주식, 돈을 잘 벌 수 있는 주식, 경영진이 훌륭한 회사의 주식을 오래 갖고 있어야 한다. 이는 20년 전에 삼성전자 주식을 사서 계속 갖고 있던 사람이 큰돈을 번 것과 마찬가지 원리다. 중간에 끊임없이 사고파는 사람은 돈을 벌 수 없다.

셋째, 분산투자한다.

분산투자란 한국, 미국, 중국에 골고루 투자하거나 업종별로 전자는 물론 인터넷에도 투자하는 식으로 분산해서 위험을 줄이는 방법이다. 증권사에 가면 이런저런 방법을 얘기하지만 위험을 줄이는 방법은 제한적이다. 공짜 점심은 없는 법이다. 위험 없이 고수익을 얻는 것은 말이 안 된다. 이는 누가 길거리에서 공짜로 돈을 주지 않는 것과 똑같은 이치다.

다시 강조하지만 주식투자에서 위험을 줄이는 길은 여유자금으로 투자하고, 길게 투자하고, 분산투자하는 것밖에 없다. 다소 미련해 보이기도 하고 지키기도 쉬울 것 같지만 사실은 가장 지키기 어려운 방법이다. 주식을 샀는데 100퍼센트 오르면 대부분 무조건 팔지 않는가. 그건 훈련이 부족해서 그렇다. 더 멀리 볼 줄도 알아야 한다. 주식을 팔 때는 주가 상승이 아니라 '그 회사가 계속 잘될 것이 냐, 돈을 벌 것이냐'에 판단 기준을 둬야 한다. 그래야 10배 혹은 100배 버는 주식이 나온다.

안타깝게도 한국 투자자의 95퍼센트 이상이 마켓 타이밍을 알아맞힐 수 있다고 착각한다. 주식은 계속해서 사고팔 게 아니라 장기적으로 갖고 있어야 한다. 여러분이 어느 회사의 주식을 사면 여러분은 그 회사의 동업자다. 여러분이 친구들과 함께 회사를 차렸는데 20퍼센트 올랐다고 혹은 20퍼센트 내렸다고 냉큼 팔겠는가. 회사가 상장되어 있다는 이유만으로 사람들은 너무 성급하게 우를 범한다.

5만 원이라도 생기면 주식을 사라

한국 증권방송을 보면 나는 굉장히 화가 난다. 엉터리 조언으로 가득하기 때문이다. 오늘의 주식투자 전략을 소개한답시고 '오늘 주식시장이 좋지 않을 것 같으니까 현금을 늘려라', '주식투자하기에 좋을 것 같으니 현금을 줄여라' 등의 조언을 한다. 그게 말이 되는가. 그야말로 국민에게 도박을 하라고 가르치는 셈이다.

돈을 벌려면 좋은 주식을 오래 갖고 있어야 한다. 특히 젊은

이들이 주식의 묘미를 알아야 한다.

'이 주식을 사면 내 노후는 그 회사의 경영진이 책임진다.'

이 비밀을 아는 순간 돈 쓰기가 싫어질 것이다. 나는 한국에 온 지 일 년이 되었지만 자동차가 없다. 택시비가 싸서 굳이 차를 살 이유를 찾지 못하겠다. 차를 사면 기름 값에 보험금에 돈 쓸 일이 늘어난다. 단, 자동차가 꼭 필요한 사람은 중고차를 사는 것이 좋다. 새 차 살 돈을 아껴 주식에 투자하라. 그런 습관을 들여야 한다. 지금부터 노후를 준비하지 않으면 불행해지고 만다.

여윳돈이 생기면 항상 투자하라. 나는 비가 오나 눈이 오나 돈이 생기면 주식을 산다. 물론 충분히 공부를 해야 한다. 즉, 항상 투자자의 자세로 살아야 한다. 10만 원, 아니 5만 원이라도 생기면 주식을 사라. 내게는 대학생과 고등학생 아들이 있는데 생일날 메리츠코리아 펀드를 사줬다. 이것은 예전에 부모님들이 땅을 사서 갖고 있다가 자식에게 물려주는 것이나 마찬가지다. 그런데 땅값만 오르는 건 아니다. 주식은 훨씬 많이 오른다. 다만 땅은 환금성이 없어서 팔지 않았던 것뿐이다. 만약 자녀들에게 주식을 남겨주면 앞으로 자녀가 컸을 때 부모에게 무척 감사할 것이다.

사람은 크게 부를 늘려가는(Wealth Creation) 사람과 부를 파괴하는(Wealth Destroy) 사람으로 나눌 수 있다. 대표적으로 워런 버핏은 부를 늘려가는 사람이다. 어렸을 때 그는 학교 친구들이 캔디를 사먹는 모습을 보고 캔디 기계를 설치해 돈을 번 사람이다. 친구들이 캔디를 사먹을 때 버핏은 그것으로 돈을 벌 방법을 연구한 셈이다. 감히 말하건대 가난한 사람은 대게 가난해지려고 노력한다. 부를 파괴하기 위해 노력하는 것이다. 과시하거나 부자처럼 보이기 위해 비싼 차, 명품 가방을 사지 않는가. 그걸로 주식투자를 한다면 얼마나 좋을까 싶어서 볼 때마다 안타깝다.

내가 주식투자를 하라고 조언하면 사람들은 "주식에 투자할 돈이 없다"고 말한다. 새빨간 거짓말이다. 쓸 것 다 쓰고 나서 주식에 투자하려니까 없을 뿐이다. 수입의 일정 부분을 투자하고 나머지로 생활하는 습관을 들여야 한다. 노후를 준비하는 것보다 더 중요한 것이 대체 무엇인가? 나이가 들어 더 이상 일할 수 없을 때 돈이 없으면 얼마나 비참할지 상상해본 적 있는가? 지금부터 수입의 5퍼센트, 10퍼센트를 그냥 도둑맞았다고 생각하고 따로 준비해야 한다.

한국에는 '퇴직연금은 주식에 40퍼센트 이상 투자하지 못한다'는 법이 있다. 그걸 보고 나는 깜짝 놀랐다. 그것은 전 세계에서 한국에만 있는 법이다. 이는 한국 정부조차 주식에 투자하면 안 된다고 여긴다는 얘기가 아닌가. 그만큼 주식을 잘못 이해하고 있다는 방증이기도 하다. 여하튼 여러분은 일단 주식투자를 하고 퇴직연금, 그다음엔 연금 펀드에 무조건 투자해야 한다.

주식투자는 그 회사와 동업자가 되는 것

한국의 주식시장은 상당히 재미있다. 1,800개의 회사가 있는데 시가총액이 큰 순으로 열 개를 합하면 그들이 전체 비중의 50퍼센트가 넘는다. 삼성전자, 현대자동차, 포스코 등이 여기에 들어간다. 그러면 나머지 1,790개 회사는 어떨까? 자세히 들여다보면 좋은 회사가 아주 많다. 그런 회사에 투자하라. 한국은 시장 비효율성(market inefficiency)이 높다고 하는데, 이는 그만큼 알려진 주식이 많지 않다는 의미다. 남들이 모르는 주식이 많아야 돈을 벌 기회도 많은 법이다. 삼성전자나 포스코는 외국인 지분도 많고 사람들이 많이 연구한 주식이다. 물론 그런 회사도 투자할 만하지만 장기적으로 더 큰돈을 벌 수 있는 것은 남들이 아직 모르는 주식, 연구가 많이 이뤄지지 않은 주식이다. 이런 우량주를 찾으려는 노력이 필요하다. 그래야 돈도 벌 수 있다.

내가 코리아펀드를 처음 운영하던 1991년 무렵 삼성전자는 한 주에 1만 5,000원이었다. 난 그때 삼성전자 주식을 사서 단 한 주도 팔지 않았는데 지금 무려 130배나 올랐다. 이런 것이 바로 주식투자다. 끊임없이 사고팔 이유가 없다. 20년 전에 삼성전자 주식을 사서 '이 회사가 내 노후를 책임질 것'이라 생각하고 묻어둔 사람은 지금 편안한 삶을 살고 있을 것이다. 증권회사 직원이 '이거 파세요', '저거 사세요' 하는 속삭임을 듣고 사고팔기를 반복한 사람은 지금 마이너

삼성전자 주가 추이

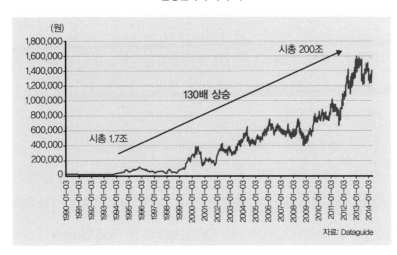

SK텔레콤 주가 추이

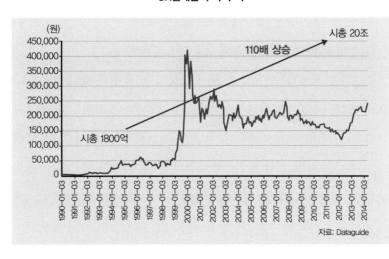

스거나 빚을 지고 있을지도 모른다.

어느 날 먼 친척이 찾아와 "어떤 주식을 사면 좋겠느냐"고 묻기에 SKT, 삼성전자 등 몇 개 회사를 알려주었다. 그는 SKT 주식을 2만 원에 샀는데 그것이 몇 년 만에 10만 원으로 급등했다. 그러자 그가 나를 찾아와 물었다.

"다섯 배나 벌었는데 이제 팔아야 하지 않을까?"

"이건 죽을 때까지 갖고 있어야 합니다. 정말 좋은 주식이거든요."

그로부터 얼마 지나지 않아 한국 정부에서 통신회사 라이선스를 3~4개 더 허가한다는 발표를 했다. 그때 10만 원 하던 주식이 6만 원으로 폭락했다. 그 친척이 다시 찾아와 분노를 터트렸다.

"네 말을 듣고 팔지 않았다가 손해를 봤다."

"걱정하지 말고 오래 갖고 계세요."

주가가 다시 10만 원으로 오르자 그분이 또 찾아와 팔아야 하느냐고 물었다. 나는 그냥 팔라고 했다. 시시때때로 찾아와 괴롭히니까 나도 참기가 힘들었던 것이다. 요즘도 그분은 나를 만나면 왜 그때 SKT 주식을 팔라고 했느냐고 힐책한다. 그게 인간의 심리다. 그분은 회사를 본 게 아니라 종이를 봤기 때문에 진득하게 참지 못하고 가격에 좌우당한 것이다. SKT가 엄청나게 돈을 벌고 가입자가 늘어나는 상황임에도 자신이 SKT의 동업자라는 생각을 하지 않고 5배, 10배 올라가는 것만 본 지극히 아마추어였던 셈이다.

지금이 주식투자의 적기다

만약 매일매일 주식에 투자하면 어떤 결과가 나올까? 매일 스타벅스 커피 2~3잔을 사먹으면 그 돈이 10달러다. 그 돈을 삼성전자에 20년간 꾸준히 투자했다면 지금 100만 달러가 되었을 터다. 사실 여러분은 매일 하루 1만 원, 5,000원 정도는 아무 생각 없이 쓴다. 그걸 모아서 주식에 투자한 결과는 엄청나다. 물론 삼성전자처럼 좋은 주식에 투자했을 때만 그렇다.

사람들이 가끔 내게 묻는다.

"그렇게 20년을 기다렸는데 한국이 일본처럼 경기가 더 침체되면 어떻게 하는가?"

당연한 걱정이다. 한국이 70년대, 80년대처럼 고속성장할 것도 아니고 여러 가지 문제도 많으니 말이다. 그렇지만 주식은 다르다. 경기가 좋아서 주식이 올라가는 것은 절대 아니다. 중요한 것은 개별 기업이다. 미국의 주식시장을 보라. 경기가 좋든 나쁘든 좋은 주식은 올라간다. 2008년 글로벌 금융위기로 미국의 경기가 가라앉는 와중에도 애플의 주식은 경기의 영향을 받지 않았다. 어떤 회사에 투자하느냐가 중요한 것이지 경기 자체가 주식투자에 큰 걸림돌이 되는 것은 아니다.

주식투자를 할 것인가 말 것인가를 결정할 때 가장 중요한 것은 무엇일까? 전체적인 주식시장을 볼 때는 주식시장이 장기적으로 오르느냐 떨어지느냐를 봐야 한다. 5~10년 후를 볼 때는 한국의 주식시장이 어떻게 될 것인가가 중요하다. 나는 한국의 주식시장이 굉장히 좋을 거라고 본다. 그 이유는 간단하다. 한마디로 주식시장이 좋을 거라고 보는 사람이 별로 없다. 이게 가장 중요한 이유다.

사람들이 한국의 주식시장에 투자해서 가장 손해를 많이 본 때가 언제인지 아는가? 펀드가 처음 등장했을 때였다. 그때 '묻지마 투자' 혹은 '묻지마 펀드'가 있었다. 미장원에서 주부들이 수다 떨다 주식을 사고, 사람들이 주식을 무조건 사야 하는 것처럼 얘기하고, 택시 기사들이 주식을 입에 올릴 그 무렵이 가장 비쌌다.

지금은 정반대다. 내가 주식이나 펀드를 얘기하면 사람들이 귀를 닫는다. 주식투자를 잘못해서 손해를 본 기억이 있기 때문이다. 그래서 지금이 주식투자에 제일 좋은 때다. 이것을 주식 문화(Equity Culture)라고 하는데 이는 '주식에 투자하면 안 된다'는 사람이 많을수록 가장 투자하기 좋은 때라는 의미다. 여러분이 투자할 회사는 그대로 있는데 단지 주가가 내려간 것뿐이다. 실제로 돈을 버는 회사는 굉장히 많다. 우리는 거기에 투자하면 그만이다.

솔직히 나는 한국의 주가가 오를까 봐 노심초사했다. 한국에서 가장 좋은 자산운용사를 만들고 싶은 욕심이 있는데 그러려면 고객이 나한테 와줘야 하는 게 아닌가. 그런데 주가가 미리 올라가면 고전할 게 빤하니 오르지 않기를 바랄 수밖에. 어차피 나는 단기투자는 피할 생각이므로 지금처럼 좋지 않은 주식시장은 내게 좋은 기회다.

매일 주가를 확인하는 것은 멍청한 짓이다

향후 10년 동안 한국에 좋은 기업이 많이 나타날 것이다. 모두가 알고 있는 삼성전자나 현대자동차도 좋지만 지금은 잘 알려지지 않은 회사 중에서도 좋은 회사가 엄청나게 많다. 이것은 10년 동안 기다려도 좋을 만한 주식이 많다는 의미다. 그런 곳에 투자하고 길게

기업 펀더멘털 대비 평가

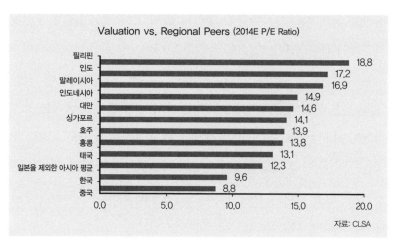

기다려야 한다. 매일 여유자금이 생길 때마다 주식에 투자하는 사람은 주가가 떨어지면 아주 좋아한다. 우량회사의 좋은 가치를 팔아버리는 바보들 덕분에 싸게 살 수 있으니 말이다.

매일 주가를 확인하는 것은 굉장히 멍청한 짓이다. 나는 우리 회사의 모든 직원에게 메리츠코리아 펀드에 강제로 가입하게 했다. 처음 메리츠자산운용에 왔을 때, 나는 직원들조차 펀드에 가입하지 않았다는 사실에 깜짝 놀랐다. 그래서 강제로 직원들 월급의 5~10퍼센트를 가입하게 했다. 문제는 또 있었다. 증권회사에서 '이번 달에 얼마 벌었다', '저번 달에 얼마 벌었다'는 식의 실적을 알려주는 게 아닌가. 나는 직접 증권회사에 전화를 해서 따졌다.

"이런 거 보내지 마시오. 우리는 10년, 20년을 내다보는데 왜 한 달 수익률을 보내주는 겁니까!"

한데 그게 법이란다. 내가 보기엔 안타까운 일이 너무 많다. 주식 투자를 도박으로 생각한다는 증거니 말이다. 증권사들조차 주식을 사고팔아 돈을 번다는 인식이 팽배해 있다.

한국의 주식이 싼 또 다른 이유는 다른 나라에 비해 밸류(value)가 싸기 때문이다. 중국이 옆에 있다는 것도 한국에는 호재다. 물론 나쁜 점도 있다. 가장 심각한 문제는 노령화인데, 그래도 한국은 일본과 달리 외국인 노동자에게 관대하므로 노동력 문제를 해결할 수 있을 거라고 본다. 미국도 이민자를 받아들여 노동력 부족을 해소하고 있다.

나는 앞으로 중국과 관련해서 엄청난 기회가 있을 거라고 본다. 북한 역시 장기적으로는 한국 경제에 플러스가 될 것이라고 생각한다.

2015년 주식투자하기 전에
반드시 알아야 할 질문과 답변

주식을 장기간 보유한다고 해서 꼭 주가가 상승하는 것은 아니다. 장기투자를 하려면 좋은 주식을 고르는 게 우선일 것 같은데 좋은 주식을 고르는 방법을 조언해 달라.

좋은 주식을 고르는 방법은 가장 핵심적인 것이자 가장 어려운 일이다. 내 경험상 가장 좋은 주식은 오랫동안 돈을 벌 수 있는 회사의 주식이다. 나는 항상 기업을 직접 방문하거나 많은 정보를 알아보려 한다. 그다음으로 중요한 척도는 그 회사 경영진이다. 회사의 지배구조가 매우 중요하기 때문이다. 우리는 경험이나 인력을 충분히 활용해 여러 회사에 쉴 새 없이 가본다. 그렇게 하기 어려운 사람은 펀드에 가입하는 것도 좋다. 많은 사람이 '전문가에게는 나보다 훨씬 더 많은 정보가 있겠지' 하고 생각하지만 사실은 그렇지 않다. 전문가도 상식을 기초로 판단한다. 직접 방문해 정보를 찾고 그 회사가 돈을 벌 것인지, 어떻게 벌 것인지 등을 판단하는 것이다. 그것은 조금만 노력하면 가능한 일이다. 예를 들어 가정주부는 슈퍼마켓에서 물건을 살 때 꼼꼼히 관찰해야 한다. 잘 팔리는 물건이 있다면 그것을 어느 회사에서 만들었는지, 상장한 회사인지만 알아봐도 좋다. 펀드는 조심해서 사야 하는데 펀드매니저가 연구해서 투자하는지 아니면 도박으로 하는지 잘 살펴야 한다.

2006년 9월 21일 모 대학 교수와 존 리 선생이 좋은 뜻으로 '한국 기업 지배구조 개선 펀드를 장기적으로 하라'고 해서 8년 동안 팔지 않고 있다. 현재 실적은 −52퍼센트. 아까 말했듯 주식은 좋은 회사를 보고 투자하는 것이지 도박이 아니다. 계속 유지해야 할까?

그런 질문을 많이 받는다. 나도 오랫동안 갖고 있었는데 손해를 봤다. 그런 주식이 있을 수 있다. 나 역시 과거에 기업 지배구조 펀드를 운용했는데 그때는 한국 기업들을 굉장히 싸게 거래했다. 후진적 기업 지배구조 때문이었다. 좋은 주식인데 대기업의 부도덕성으로 인해 주가가 오르지 않아 너무 안타까웠다. 그래서 기업 지배구조 펀드를 만든 것이다. 내가 그 회사를 고쳐보겠다는 생각으로 다른 전략을 쓴 셈이다. 한데 내 생각이 너무 빨랐던 것 같다. 대중이 내가 하려는 것을 이해하지 못했다. 사람들은 내가 회사를 괴롭히는 것으로 착각했다. 지금은 기업 지배구조가 굉장히 중요하다는 것을 모두 알고 있다. 주식을 사는 것은 회사의 일부를 사는 것이다. 만약 20년 동안 투자했는데 경영진의 부도덕성 때문에 벌어둔 게 다 없어졌다면 내 말은 모두 거짓이다. 그러나 지금 한국은 변하고 있다. 옛날 같은 그런 기업 지배구조가 아니다. 앞으로는 그리 큰 걱정을 하지 않아도 될 것이다. 어떤 주식을 갖고 있는지 모르지만 그 회사의 이름을 알기 전에는 구체적으로 답하기가 어렵다.

20세기 후반에는 IT가 유행했는데, 21세기 초반에는 뭐가 가장 유행할지 세계적인 관점을 알려 달라.

한국의 패러다임이 바뀌고 있다. 지금까지와 다르게 생각하지 않으면 안 된다. 예를 들어 지금까지 돈을 번 한국 기업은 급속히 경쟁력을 잃을 것이다. 과거에는 한국 기업의 지배구조가 나빠도 그럭저럭 굴러갔다. 지금은 중국 때문에 그렇게 하면 생존하지 못한다. 중국이 옆에 있어서 한국의 기업들이 도산할 가능성이 커졌다. 그렇다고 한국이 끝난 것은 아니다. 다만 바뀌고 있을 뿐이다. 비록 외부 요인의 영향 때문이지만 나는 한국의 체질 개선을 긍정적으로 바라본다. 살아남기 위해 노력하는 기업에 투자해야 한다. 또한 엄청난 부를 축적한 중국이 옆에 있다는 것은 한국에 행운이다. 상품을 내다 팔 기회가 많다는 뜻이니 말이다. 소품종 대량생산은 모두 경쟁력을 잃을 것이라고 본다. 조선업과 휴대전화 시장도 굉장히 힘들어질 것이다. 중국에 가보면 그걸 알 수 있다. 그들과 경쟁해서 원가를 맞추기는 어렵다. 그래도 우리가 중국에 팔 수 있는 것이 많다. 헬스케어, 화장품, 관광, 여행 등이 대표적이다. 즉, 서비스 업종이다. 가령 금융사를 눈여겨볼 필요가 있다. 단기적으로 2015년이 어떻고 2016년이 어떻고 하는 것은 시시한 얘기다. 앞으로 5년 동안 내게 돈을 벌어줄 회사가 어디냐, 10년 동안 돈을 벌어줄 회사가 어디냐를 찾아야 한다. 단, 나는 과거에 돈을 번 기업은 앞으로 어려울 것이라고 본다. 그래서 우리 펀드에 들어간 회사 중에는 대중이 잘 모르는 회사가 많다. 처음 들어보는 회사도 있을 것이다. 옛날처럼 공장 짓고 신제품을 개발해서 파는 단순한 구조의 회사는 앞으로 어려울 것이라고 생각한다.

KB국민은행 투자전략팀장. 연세대를 졸업하고 영국 크랜필드대학교 MBA를 졸업했다. 한국장기신용은행, 프랭클린템플턴, 기은SG자산운용 등에서 자산 업무를 담당했다. 미래에셋자산운용 국제본부장을 역임한 뒤 2009년부터 KB국민은행의 WM사업부 투자전략팀장을 맡았다. 매달 시장에 쏟아지는 수백 개의 펀드 가운데 '최고의 수익률을 안겨주는 상품만 족집게처럼 골라내는 금융전문가'라는 명성을 얻고 있다. 옮긴 책으로 《신대륙주의》 등이 있다.

3장

2015년,
이런 펀드가 뜬다

오인석, KB국민은행 투자전략팀장

혼돈의 세계 경제와 자산배분 전략

몇 년 전부터 항간에 '지금 세계 경제는 울퉁불퉁한 길을 가고 있다. 결코 고속도로가 아니다. 과거와는 완전히 다르다'라는 말이 많이 나오고 있다. 실제로 2007년 이전만 해도 고속도로가 곧고 탄탄하게 뚫려 있었지만 그 이후에는 세계 경제가 출렁거리며 널뛰기를 하고 있다.

그러므로 달라진 환경에 맞게 투자 전략을 짜야 한다. 구체적으로 말해 올바른 자산배분 전략에 더해 상품을 제대로 고르는 안목이 필요하다. 2008년 글로벌 금융위기 이전만 해도 전 세계가 5퍼센트씩 성장했다. 미국이 3~4퍼센트의 성장을 이루는 가운데 중국이 두 자릿수 성장을 하고 우리나라도 고성장을 했다. 지금은 상황이 달라졌다. 중국은 7퍼센트냐, 6퍼센트냐를 걱정하고 미국은 2퍼센트에 머물고 있으며 유럽은 0~1퍼센트를 오간다. 일본은 더 말할 것도 없다.

지금까지 각국은 성장률을 높이려고 많은 노력을 기울여왔다. 미국 역시 성장률에 집중하다가 2014년 10월 양적완화 정책 중단을 선언했다. 반면 유럽은 계속 돈을 풀고 있고 일본도 아베노믹스라는 깜짝쇼를 지속하고 있다. 그러다 보니 각국의 주가 지수와 채권 가격 등락폭이 우리가 예상할 수 없는 방향으로 움직이고 있다. 그야말로 혼돈의 시기다.

유가 안정이 각국 경제에 미치는 영향

우리나라의 경우 잘나가는 기업은 수익성이 아주 좋지만 엔화 때문에 어려운 기업도 있고, 중국의 영향으로 힘든 기업도 있다. 여하튼 전반적으로 세계 경제 성장이 둔화하는 중이라 예측이 어려우므로 재테크에 신중하게 임해야 한다. 우선 목표를 정확히 설정한다. 목표를 어디에 두느냐에 따라 기대수익이 크게 달라지기 때문이다.

유가는 최근 신문이나 외부 뉴스에서 가장 많이 거론하는 중요한 변수다. 2013년만 해도 원유 가격이 1배럴당 130달러까지 가느냐 마느냐 하며 논란이 있었다. 지금은 70달러가 채 되지 않는다. 이렇게 유가가 안정을 이루면 좋은 면도 있고 나쁜 면도 있다.

유가 안정은 먼저 브릭스 펀드 중 러시아에 가장 큰 타격을 안겨준다. 실제로 최근 러시아의 외환보유고가 급격히 줄어들었다. 덩달아 러시아 펀드는 2, 3년 전에 비해 거의 반 토막이 났다. 아직은 걱정할 만한 수준이 아니지만 그래도 신중히 고려해봐야 한다.

다른 한편으로 유가 안정 덕을 보는 나라도 있다. 그 대표적인 나라가 원유 수입국인 중국과 인도다. 지금 인도 주가가 많이 오른 이유가 여기에 있다. 중국도 물가가 빨리 오르는 인플레이션(Inflation)이 문제였는데, 하락한 원유 값이 이것을 상당부분 상쇄해주고 있다. 중국으로서는 다행스럽게도 물가가 잡히면서 금리를 내리는 정책을 쓰고 있다.

2002년부터 전 세계, 특히 미국의 20년 그래프를 살펴보면 경제성장률이 좋을 경우 주가와 금리가 함께 오르는 모습을 볼 수 있다. 그런데 이것이 2년 전부터 바뀌고 있다. 주가는 오르는데 거꾸로 금리는 떨어지고 있는 것이다. 그 원인도 당연히 유가에 있다.

2015년 투자해볼 만한 해외 펀드

예금자들은 금리가 떨어지는 상황을 굉장히 힘들어한다. 중국의 경우 예금금리가 낮아지자 돈이 주식시장으로 몰리고 있다. 거의 개인들이 시장을 좌지우지하면서 단기적으로 과열 양상을 보일 정도다. 따라서 중국 펀드에 동참하려면 단단히 각오를 해야 한다. 특히 외국인이 많지 않은 개인 위주의 시장은 자주 과열하는 경향이 있다.

미국도 마찬가지다. 많은 사람이 '지금 뛰어들면 상투를 잡는 건 아닌가?' 하고 걱정하는데, 그것을 평가하는 데는 여러 가지 잣대가 있다. 1997~1999년 소위 IT 버블 당시에 비해 현재 주가가 높긴 하지만 기업 이익 대비로 보면 싼 편이다. 주가가 오르는 이유는 기업이 돈을 잘 벌기 때문이다.

예금금리가 낮을 경우 사람들은 주식뿐 아니라 고수익, 고위험 채권인 하이일드 채권(High-yield Bonds: 자산의 50퍼센트 이상을 신용등급이 BB+ 이하인 투기등급 채권과 B+ 이하의 어음에 투자하는 펀드로 수익률이 높은 만큼 위험도도 높다)으로도 많이 이동한다. 문제는 하이일드 채권마저 비싸다는 데 있다. 그러면 어디로 갈 것인가? 부동산이 남아 있다. 리츠(REITs, 부동산투자신탁)의 수익률이 좋은 이유가 여기에 있다.

미국에서는 주로 주식에 몰려든다. 2013년에 많이 오른 업종은 헬

스케어, 바이오, 건강 쪽이다. 한데 주가가 어마어마하게 오르는 바람에 보수적인 사람은 미국으로 가기가 어렵다. 2013년과 2014년에 우리나라에서 안정적인 배당주가 인기를 끈 것처럼 세계적으로도 지금은 배당주가 좋다.

그다음으로 좋은 것이 인프라 펀드다. 우리는 매일 운전하면서 다리를 건널 때마다 통행료를 내는데 그것이 인프라, 즉 사회간접자본이다. 우리가 톨게이트에서 돈을 내면 그것이 펀드에서 배당으로 나온다. 그래서 2013년은 물론이고 2014년에도 많은 사람이 인프라 펀드에 투자했다. 해외에서도 인프라 상품은 아주 좋은 편이다.

요즘에는 많은 주식형 펀드가 대체로 우리나라에 투자하고 있지만 해외 투자도 해야 한다. 물론 여기에는 세금 문제가 걸려 있으므로 해외 투자를 하려면 올바른 상담을 받는 것이 중요하다. 특히 좋지 않은 시기에 너무 많은 펀드를 특정 지역에 몰아서 투자하면 안 된다. 그 대표적인 예가 중국과 브릭스, 원자재 등이다. 투자를 할 때는 항상 그 투자 자산의 특성을 잘 알아야 한다.

세계 시장, 특히 선진국 시장에 주목하라

세계의 주식시장을 보면 가장 큰 시장이 선진국 시장이다. 중국이

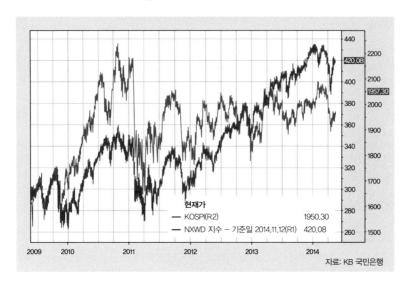

한국 종합주가지수와 세계 선진국 지수

	현재가
── KOSPI(R2)	1950.30
── NXWD 지수 - 기준일 2014.11.12(R1)	420.08

자료: KB 국민은행

아무리 커도 미국을 따라가지 못하므로 아직은 '해외' 하면 선진국을 떠올려야 한다.

위 그래프에서 하나는 대한민국 주가지수고 다른 하나는 전 세계 주가지수다. 한눈에 봐도 우리나라는 변동성이 상당히 크므로 결국 선진국에 투자하는 것이 맞다. 수익률만 따지지 말고 가끔은 그래프도 봐야 한다. 연말이면 펀드매니저들은 주가지수가 좋을 것 같다거나 내년 주가가 얼마가 될 거라고 말하지만, 실은 시장 자체가 얼마나 위험한지 상대적인 비교를 하고 들어갈지 말지 결정해야 한다. 더불어 내가 자금의 몇 퍼센트를 투자할 것인지도 따져봐야 한다.

최근 현대자동차가 삼성동의 부동산에 투자하면서 불과 몇 개월 만에 20퍼센트 정도 손해를 봤다. 개인 투자자, 특히 해외 투자자들이 빠져나갔기 때문이다. 외국계의 어느 기관 투자자에게 이 사건을 어떻게 판단하느냐고 묻자 그는 간단하게 대답했다.

"주주 가치를 파괴하려면 이렇게 하면 된다."

주가가 오르내리는 것 자체가 바로 주주 가치의 등락이다. 한국은 다른 나라에 비해 주주 가치를 좀 무시하는 편이다. 주주 가치를 잘 보호하는 순서로 줄을 세우면 한국은 뒤쪽에 있다. 주가가 많이 뒤로 밀린 현대자동차는 배당을 더 주겠다는 전략을 내세워서 만회하고 있다. 이게 현실이다.

우리나라는 여전히 신흥 시장이다

자, 그러면 세계적인 스마트폰 갤럭시와 샤오미, 아이폰을 비교해보자.

어느 것이 가장 좋을 것 같은가? 사실은 비교하기가 매우 어렵다. 우린 여기에서 숨은 뜻을 알아채야 한다. 비교가 어렵다는 것은 삼성전자가 압도적으로 일등이 아니라는 얘기다. 삼성전자가 중국에 가서 '샤오미, 레노버 다 필요 없고 우리가 일등이야!'라고 외칠 수 있는가.

한국 주식, 중국 주식, 브릭스 주식

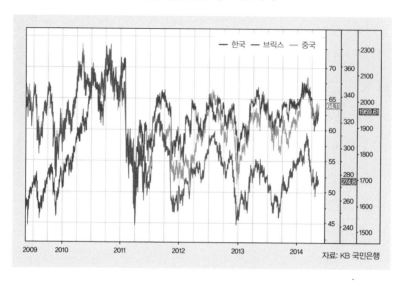

자료: KB 국민은행

그렇지 않다. 미국에 가서 '우리가 일등이다'라고 할 수도 없다.

그러므로 대한민국의 코스피만 쳐다보면 안 된다. 절대로, 절대로 개별 주식으로 뭘 하려고 하지 마라. 반드시 해외 쪽을 봐야 한다.

한국, 브릭스, 중국의 세 그래프를 보면 모양새가 거의 비슷하다. 모두가 신흥 시장이기 때문이다. 여기에서 우리는 해외도 변동성이 큰 시장은 적당히 투자해야 한다는 것을 알아채야 한다. 브릭스 펀드를 보면 네 나라 중 러시아, 브라질이 좋지 않고 인도와 중국은 최근에 좋아지고 있다. 덕분에 손실이 조금씩 줄고 있지만 나머지 국가가 계속 좋지 않아 손실 회복이 빠르지는 않다. 원금이 회복될 때까지 기다리지 말고 그냥 나오는 것이 바람직하다. 몇 년째 기다리는 사람도 있지만 지금이라도 발을 빼는 것이 좋다.

다음 그래프에서 대한민국은 가장 밑에 있고 맨 위는 글로벌 배당 펀드다. 중간에 있는 것은 멀티에셋인데, 이것은 전 세계적으로 여러 가지 상품을 섞어서 투자하는 것을 말한다. 가령 주식은 배당주 위주로 투자하고 채권은 금리가 조금 높은 것 중에서도 상대적으로 덜

한국 종합주가지수와 해외 멀티에셋, F 글로벌 배당

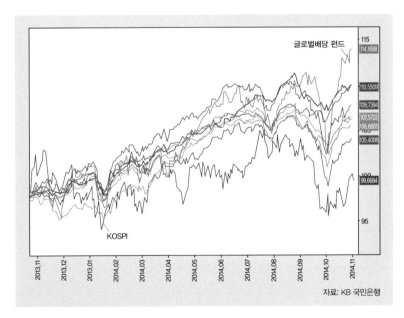

자료: KB 국민은행

비싼 것에 투자하는 식이다. 이처럼 여러 자산에 투자하는 것은 최근에 새로 나온 트렌드다.

지금은 자금이 이런 상품으로 갈 수밖에 없다. 금리가 낮고 세계 경제는 침체가 아니기 때문이다. 2013년에 꼭지에서 가입한 사람도 지금 모두 원금 회복을 넘어 수익을 내고 있다.

사실 배당을 잘하는 기업 중에는 돈을 꽤 버는 기업이 많다. 우리나라에서도 앞으로 배당을 많이 할 것으로 보이는데, 기업이 '배당을 한다'는 것은 투자자가 매년 돈을 받는다는 것을 뜻한다. 이는 곧 투자자가 매년 배당을 늘릴 수 있는 기업에 투자한다는 의미다. 우리나라는 그동안 기업이 투자한다는 이유로 수십 년간 배당을 하지 않았다. 그런데 기업이 투자에 실패하면 배당도 못하고 돈도 벌지 못한다.

사람들은 현금이 들어오기를 원한다. 부동산에서 월세나 임대수입을 받으려고 하는 이유도 여기에 있지 않은가. 해외에서는 배당수입을 받는 것이 일반적이고 우리나라보다 훨씬 안정적이므로 투자 자산 중 일부는 해외에 투자하는 것이 바람직하다.

변동성이 작은 펀드에 주목하라

우리는 과연 어떤 상품에 투자해야 할까?

일단 많은 사람의 입에 오르내리는 롱숏 펀드를 보자. 흔히 롱숏 펀드 때문에 주가가 오르지 않는다고 하는데 그건 그릇된 생각이다. 내가 만약 100억 원을 운용하는 롱숏 펀드 매니저라면 주식을 팔기보다 오히려 더 많이 사려고 할 것이다. 즉, 나는 주가에 긍정적이다.

여기에는 여러 종류가 있는데 코리아 롱숏 펀드가 좀 답답해 보이긴 해도 야금야금 수익을 내고 있다. 이 펀드는 투자액의 10~15퍼센트를 주식에 투자하고 나머지는 짝을 지어서 투자한다. 예를 들어 유가가 떨어지면 '대한항공은 기름 값이 덜 들어서 주가가 오르겠구나' 하고 판단해 대한항공 주식을 산다. 반대로 실적과 전망이 좋지 않은 화학 기업은 판다. 이런 식으로 수익을 내면서 연 5~6퍼센트를 목표로 한다. 연 5퍼센트를 기대하고 길게 갈 만한 상품에 투자하는 셈이다.

또 2013년과 2014년에 중소형 펀드가 히트했는데, 중소형이라고 다 좋은 것은 아니다. 이익을 내지 못하는 기업이 수두룩하므로 잘 골라야 한다.

다음 상품은 S운용회사의 상품으로 멀리 본다는 특징이 있고 중간에 떨어져도 계속 들고 간다. S운용회사의 상품과 우리나라 종합주가지수를 비교해보면 종합주가지수가 거의 제자리라는 것이 한눈에 들어온다. 반면 S운용회사 상품은 모두 회복했다. 물론 최근에 출렁이고 있긴 하지만 중소형이므로 등락이 크다는 것을 감안하고 적립식이나 전체 자금의 일부를 분산한다는 관점으로 투자하면 괜찮다.

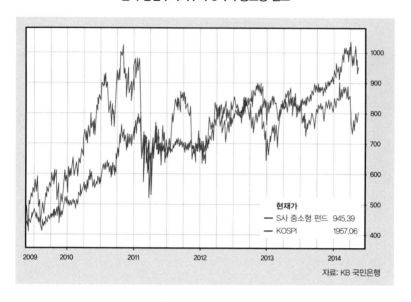

한국 종합주가지수와 S사의 중소형 펀드

현재가
— S사 중소형 펀드 945.39
— KOSPI 1957.06

자료: KB 국민은행

다만 안정적으로 운용하는 투자자는 많이 투자하면 안 된다.

KB자산운용의 중소형 포커스 펀드는 변동성이 작다. 펀드매니저가 똑같은 중소형이어도 비싸면 절대 사지 않기 때문이다. 이런 펀드매니저에게 돈을 맡기면 장기적으로 볼 때 돈을 벌 확률이 높다. 가끔 펀드 성적표가 나쁘다고 추궁하는 사람도 있지만 그렇게 하면 투자 포트폴리오에서 중소형이 빠지고 만다.

우리나라 종합주가지수를 구성하는 종목은 1천 개가 넘고 이들 기업을 모두 합하면 1,200조 원에 조금 못 미친다. 1위는 삼성전자로 시가총액이 160~170조 원이며 전체의 13퍼센트를 차지한다. 2등이 차지하는 비중은 고작 2퍼센트에 불과하다. 안타깝게도 우리나라는 삼성전자 하나에 목을 매고 있는 형국이다.

레버리지 펀드는 절대 피해라

레버리지 펀드(주가가 상승할 때 그 1.5~2배의 수익을 목표로 하는 펀드)는 결코 권하고 싶지 않다. 이것은 단기투자에 정말로 자신이 있는 사람만 해야 한다. 특히 삼성전자 주식을 얼마나 덜 혹은 많이 갖고 있느냐에 따라 성적이 달라진다.

우리나라는 철을 녹여 강철을 만들고 그것으로 배와 자동차를 제작해 파는 제조강국이었다. 그런데 세계적으로 경쟁자가 추격을 하면서 새로운 사업 기회를 많이 발굴하고 있다. 그러므로 계속 시장만 바라보지 말고 펀드매니저가 좋은 종목을 꾸준히 찾아다녀야 한다.

KB의 스타플랜 시스템에서는 10년 데이터를 통해 과거의 수익, 즉 세계 주식 및 채권 그리고 한국의 상황을 모두 분석한다. 만약 주식과 채권, 안정적인 예금, 보험으로 포트폴리오를 짠다면 몇 퍼센트의 수익을 기대하는 것이 바람직할까?

실제로 금융기관에 가면 투자 성향을 분석해준다. 과거에는 공격형 투자의 기대수익이 두 자릿수였지만 지금은 한 자릿수다.

투자 성향별 기대수익과 위험

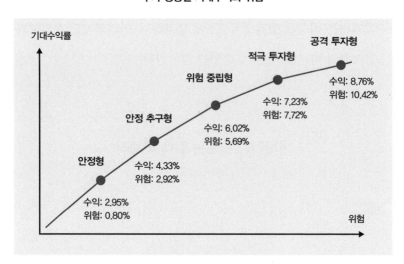

투자 성향별 자산배분 예시

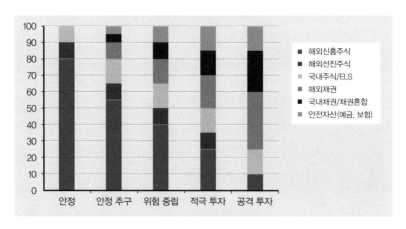

물론 배분 비중은 투자 성향에 따라 다르다.

여기에서 제시하는 모델은 일종의 나침반이다. 이 모델에 따라 매월 수익을 추적하는데 다섯 가지 성향을 보면 종합주가지수보다 국내외 주식과 채권에 분산되어 있고 예금과 보험까지 들어 있어서 변동성이 훨씬 작다. 또 분산하니까 안정적이고 위험 중립 기준으로 2013년 7~11월까지 연 환산 11퍼센트의 수익이 났다.

내가 극구 레버리지를 피하라고 하는 이유는 그것이 초단기 투자

투자 성향별 모델 포트폴리오 수익률

구분	수익률
2013년 모델 포트폴리오 수익률 (현금/예금 제외)	9.3%
2013년 모델 포트폴리오 수익률 (위험 중립 성향 기준)	5.4%
KOSPI	1.2%

구분 (펀드평균)	2013.7~2013.11		2013.10~2014.3		2014.4~2014.9	
	6개월 누적	연 환산	6개월 누적	연 환산	6개월 누적	연 환산
안정형	1.31%	3.18%	1.44%	2.91%	1.55%	3.13%
안정추구	2.92%	7.14%	1.91%	2.48%	2.41%	4.87%
위험 중립	4.68%	11.60%	2.53%	5.12%	2.99%	6.07%
적극형	5.87%	14.66%	3.03%	6.16%	3.31%	6.74%
공격형	7.27%	18.33%	2.45%	4.97%	3.28%	6.68%
KOSPI	7.77%		−0.46%		1.74%	

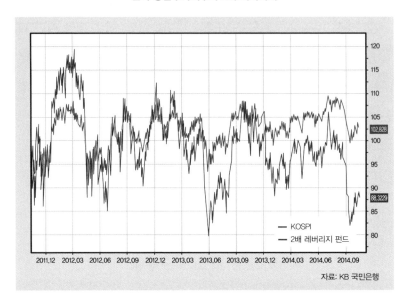

한국 종합주가지수와 2배 레버리지

자료: KB 국민은행

상품이기 때문이다. 붉은색이 우리나라 시장이고 회색이 2배 레버리지로 레버리지가 오를 때는 정말 많이 오른다. 오른쪽으로 갈수록 차이가 벌어지는데 이것은 내 돈을 길바닥에 버리면서 가는 것과 똑같다. 예금을 하면 매일 이자가 불어나지만 레버리지는 자고 일어나면 돈을 버리는 셈이다. 지금 시장이 2년 동안 제자리 상태인데 레버리지는 10퍼센트, 15퍼센트까지 마이너스다. 설령 투자를 했더라도 잘못되면 털고 나와야 한다. 손을 털어야 할 때 털지 못하면 안 된다.

단기투자는 독이다

유명한 펀드매니저들도 단기투자를 피하라고 권한다. 줄리안 로버트슨(Julian Robertson)은 4년 동안 17배의 수익을 냈고 1982년부터 18년간 연 복리로 32퍼센트의 수익을 올린 인물이다. 소위 타이거펀드라는 헤지펀드를 다룬 그는 자신에게 "시장 및 가격 변동 타이밍, 패턴을 예측할 능력이 없다"고 말했다. 에드 세이코타(Ed Seykota)도 15년간 2,500배의 수익을 낸 전설적인 인물이다. 그는 이렇게 조언한다.

"바닥에서 사고 천장에서 팔려고 하지 마라. 무리하게 많은 금액을 투자하지 마라. 매매를 할 때는 반드시 자동 손절 스톱 주문을 하라. 한 번의 매매에서 5퍼센트 이상의 손실이 나지 않게 하라."

예를 들어 매년 2퍼센트의 정기예금이라면 단순 계산으로 10년에 20퍼센트다. 만약 10퍼센트씩 수익을 내거나 10퍼센트씩 손실을 보는 경우 열 번 중 여섯 번 10퍼센트씩 수익을 내면 60퍼센트다. 그리고 네 번 10퍼센트 손실이 나면 마이너스 40퍼센트다. 이걸 빼면 20퍼센트인데 복리 효과로 따질 경우 결국 꾸준히 가는 게 이긴다는 계산이 나온다.

투자는 일단 안정적인 상품으로 끈기 있게 가야 한다. 물론 위험한 상품은 중간에 아니다 싶으면 손절매하고 빠져나오는

롯데제과의 주식 그래프

자료: KB 국민은행

것이 좋다. 최근 일 년간 러시아 펀드에 단기로 들어갔다가 나왔을 때는 20~30퍼센트의 수익도 가능했다. 만약 지금까지 들고 있다면 마이너스 30~50퍼센트까지 떨어졌을 것이다. 유가나 원자재도 마찬가지다.

중간에 어떤 이벤트가 발생해 수익률에 변화가 생겼을 때 정확한 판단을 내리려면 펀드 등 투자 상품을 공부해야 한다. 펀드매니저에게 물어보는 것도 좋다. 연 0.5~1퍼센트씩 수수료를 내면서 그냥 맡겨놓지만 말고 가서 물어봐야 한다. 자꾸 질문을 해야 상대방도 나도 실력이 늘어난다.

롯데제과의 개별 주식 그래프를 보면 180만 원까지 갔다가 90만 원으로 추락한 기간이 나온다. 그런데 이것을 가지고 오랫동안 수익을 낸 펀드매니저가 있다. 그가 장기 분석을 통해 끝까지 들고 간 덕분에 얻은 결과다. 이런 경우 분석하지 않는 사람은 대부분 중간에 나올 수밖에 없다.

반드시 알아야 할 질문과 답변

주식투자만 하려고 한다. 증권이 나을까, 은행이 나을까?

펀드로 하는 것이 좋다. 롱텀밸류나 KB밸류포커스 같은 경우는 100종목을 갖고 있고 중간에 바꾸기도 한다. 그런데 일단 업종으로 들어가면 스스로 판단을 해야 한다. 가급적 종목을 분산시키고 멀리 보는 펀드로 했으면 좋겠다.

브라질 국채를 갖고 있는데 손해를 보면서 2017년도까지 가져가야 하는지 아니면 지금이라도 손절매해야 하는지 묻고 싶다.

브라질 국채는 장기로 가야 하는 상품으로 1월과 7월에 이자를 받는다. 만기가 되면 5년이나 길게 연장하라. 주식처럼 사거나 팔아서 차익을 보는 상품이 아니다. 지금 환율 때문에 조금 좋지 않은데 환율이 단기적으로 회복될 것 같지는 않다. 조금 시간이 걸린다. 물론 브라질도 원자재 국가지만 러시아하고는 많이 다르다. 브라질은 외환보유고가 줄지 않아 괜찮다. 다만 환 변동이 좀 크다는 것을 감안하고 만기 연장을 해서 계속 이자를 받기 바란다.

재테크 트렌드

01
02
03
04
05
06

홍성국

KDB대우증권 사장. 서강대학교 정치외교학과를 졸업하고 대우증권에서 평사원으로 시작해 투자분석부장과 기업분석부장, 리서치센터장 등을 거쳐 25년 만에 사장으로 취임했다. 시장에 대한 통찰력은 이미 정평이 나 있으며, '증권계의 미래학자'로 불린다. 지은 책으로 《세계가 일본된다》《미래 설계의 정석》《디플레이션 속으로》외 다수가 있다.

최준철

VIP투자자문 공동대표. 서울대학교 경영학과를 졸업하고 2003년 회사 설립 후 가치투자 외길만을 고집하고 있으며 지난 10년간 누적수익률이 566%(연평균 19%)에 달하고 2조원이 넘는 수탁액을 보유하고 있다.

이남수

신한은행 부동산팀장. 국내 은행권 PB 가운데 가장 오랫동안 부동산 전문으로 고객을 상담하고 투자전략을 세우는 PB로 정평이 나 있다. 금융연수원 자문교수 및 국내 각 대학의 최고경영자 과정 강사, 부동산 FP교재 집필 및 출제위원으로도 활동하고 있다.

김혜현

렌트라이프 대표. 건국대학교 부동산학 석사를 취득했고 부동산114 웹운영본부 이사를 거쳤다. 각 금융회사의 고객 대상 강의에서 인기 강사로 꼽히며 '부동산의 여왕'이라는 칭호로 불린다. 수익률이 은행금리보다 훨씬 높고 주식보다 변동성이 적은 유망 부동산에 대해 소개한다.

2015년,
주식인가 부동산인가

토론자

주식 | 홍성국, KDB대우증권 사장 · 최준철, VIP투자자문 대표

부동산 | 이남수, 신한은행 부동산팀장 · 김혜현, 렌트라이프 대표

진행자　정혜전, TV조선 앵커

저성장 시대, 성장의 과실을 나누는 기업으로 눈을 돌려라

진행자　여러분, 안녕하십니까. 추운 날씨에도 많이 와주셔서 감사합니다. 이 시간엔 '주식인가, 부동산인가'를 주제로 토크배틀을 마련했습니다. 말 그대로 2015년에 주식에 투자해야 할지, 부동산에 투자해야 할지 전문가들이 나와서 각자의 입장에 따라 토론을 벌일 텐데요. 많은 도움이 되었으면 합니다. 먼저 최준철 VIP투자자문 대표를 모시겠습니다.

최준철　　우선 저성장 시대임을 감안해 생각부터 바꿔야 한다는 얘기를 하고 싶습니다. 첫째, 목표수익률을 낮춰야 합니다. 과거에는 '주식' 하면 으레 20퍼센트, 30퍼센트, 심지어 더블 정도는 노려야 한다고 여겼지만 이젠 그런 생각을 버려야 합니다. 둘째, 기업에 더 이상 큰 성장을 기대하지 않아야 합니다. 오히려 성장보다 지금까지 기업이 쌓아온 성장의 과실을 어떻게 분배하는지에 초점을 맞춰 주식을 골라야 합니다. 마지막으로 한국이 성장할 수 없다면 주변 국가, 특히 성장하는 주변 국가에서 국가성장률 이상으로 성장하는 기업을 찾는 것이 해법입니다.

목표수익률 낮추고 성장하는 국가의 주식으로 눈을 돌려야

●

저평가 주식을 찾으면 금리의 두세 배 수익 가능

　목표수익률을 낮추라는 것은 주식투자를 하지 말라는 얘기가 아닙니다. 눈높이가 너무 높으면 주식이 잘 보이지 않거나 기대치를 충족시킬 만한 주식을 찾기가 어렵습니다. 자칫 잘못하면 모멘텀에 너무 집착해 원금 손실 가능성을 키울 수 있습니다. 하지만 목표수익률을 낮추면 싼 주식이 눈에 들어오기 시작합니다. 대단한 성장은 아니지만 주가 대비 내재 가치가 현격히 높은, 그러니까 주가가 내재 가치를 반영하지 못하는 주식을 노리면 금리의 두세 배 정도는 수익을 올릴 수 있습니다.

　예를 들면 대형주 중에서도 기아자동차는 최근 여러 가지 이슈로 PER이 6배, 즉 시가총액이 순이익의 6배에 불과한 저평가 상태입니다. 대림산업도 건설이나 화학의 비전이 불투명하다는 점을 반영해 장부가의 절반 정도에 거래가 가능합니다. 이 회사를 자세히 뜯어보면 사실은 알짜 자산이 많습니다. 콘크리트 파일을 하는 자회사부터 제주도에 골프장도 있고 경기를 타지 않는 유아 부문도 있습니다. 현대홈쇼핑은 시장에서 눈에 띄지 않지만 현금성 자산, 현금, 상장된 자회사 지분이 시가총액의 60퍼센트 정도에 불과할 만큼 영업 가치를 제대로 인정받지 못하고 있습니다.

성장에 대한 기대감과 목표수익률이 너무 높으면 이런 종목이 눈에 들어오지 않습니다. 외국인이나 가치투자자가 보기에는 한국은 '가치투자자들을 위한 천국'입니다.

지금까지 한국의 기업들은 배당에 적극적이지 않았기 때문에 내부에 많은 유보 자산을 갖고 있습니다. 현금이든 자산이든 그것을 더 늘리기보다 성장의 과실을 주주와 나누는 데 초점을 맞추는 기업을 찾으십시오. 배당을 주거나 자사주를 사거나 다른 기업을 인수하면서 성장하는 기업에 관심을 기울여야 합니다.

한국은 가치투자자들을 위한 천국
●
기아자동차·대림산업·현대홈쇼핑 및 배당주에 주목

앞으로는 이런 기업에 시장이 좀 더 좋은 평가를 해줄 겁니다.

요즘에는 월급이 성장 시대처럼 오르지 않아 갖고 있는 돈을 어떻게든 불리려고 하지 않습니까? 마찬가지로 기업도 가치 창조뿐 아니

해외투자를 시작하라

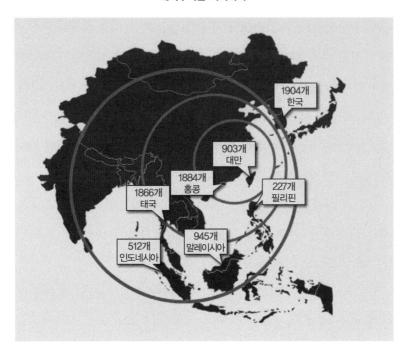

라 창조한 자산 및 자본을 어떻게 재배치하는가에 따라 주가를 재평가할 수 있습니다. 거기에 주목해야 합니다.

마지막으로 한국이 성장하는 시장이 아니라면 성장하는 시장을 찾아가야 합니다. 한국에 약 1,900개의 상장기업이 있는데 이 중에서 성장하는 기업이 적다면 범위를 넓혀야 합니다. 대만, 중국, 태국, 인도네시아 쪽으로 넓히면 한국에서 찾기 힘든 성장 기업을 찾을 수

있습니다. 사실 해외투자를 많이
한 펀드 고객은 쓴맛을 좀 봤을 겁
니다. 그래도 해외나 성장하는 기
업을 빼놓고 재테크를 하면 높은

**해외투자 제치고서는 수익률 달
성 어려움**

●

아시아 전역으로 시각을 넓힐 것

수익률을 달성하기 어렵습니다. 싼 주식을 찾거나 분배에 초점을 맞
춰 얻을 수 있는 수익에는 한계가 있습니다. 이것을 보완하는 차원
에서 우리는 지금 해외투자를 해야 하는 상황에 놓여 있습니다.

부동산도 수익률 따져가며 투자하라

진행자　아예 종목까지 찍어주셨네요. 그만큼 실질적인 투자 팁을
드리기 위해 여기에 네 분을 모신 것입니다. 다음엔 부동산 쪽으로
가보겠습니다. 이남수 신한은행 부동산팀장을 모시겠습니다.

이남수　2015년 부동산 시장을 간단히 짚어보겠습니다. 2014년
10월까지 전국적으로 거래량이 많이 늘어났는데 11월부터 소강 상
태에 접어들었습니다. 그럼 2015년에는 어떻게 될까요? 사실 2014년
과 별반 다르지 않을 것입니다. 특히 지방은 부산, 대구, 청주의 청약
경쟁률이 굉장히 높은데 실은 많은 입주 물량이 2015년까지 예정되
어 있습니다. 그동안 지방이 수도권에 비해 많이 올랐지만 반사적으
로 지방의 전망이 좋지 않을 겁니다.

2000년대에 한국에서는 주택 가격이 많이 올랐지만 이제 주택을 통해 재테크를 하는 시대는 지났습니다. 주택도 철저하게 수익률 개념으로 투자해야 합니다. 현재 매매가를 보면 정체 상태입니다. 과거에는 매매가 대비 전세가 비율이 70퍼센트를 넘으면 집을 사는 사람이 많았습니다. 이게 부동산 시장에서 상식으로 통했죠. 한데 지금은 80~90퍼센트가 되어도 집을 사지 않아요. 집을 갖고 있어도 오르지는 않는데 세금은 늘어나니까요. 그러다 보니 오히려 전세로 사는 게 훨씬 더 유리하지요. 물론 어쩔 수 없이 보증금 월세로 돌리는 경우도 있습니다.

주택도 철저하게 수익률 개념으로 투자

●

전통적인 전세 곧 사라질 것

지금 전월세 시장이 굉장히 불안한데 2015년, 2016년만 해도 2만 9,000채 정도의 이주 수요가 있을 예정입니다. 2015년만 보면 개포 2단지, 잠원동 우성 6차, 반포 한양, 고덕에 재건축 수요가 있습니다. 강북보다는 강남의 전월세 시장이 상당히 불안한 형국입니다. 집 가격이 대폭 오르려면 자산가들이 집을 많이 사야 합니다. 그런데 2017년부터 주택임대소득에 과세할 예정이라 시장이 불투명합니다. 결국 전월세 시장은 앞으로 어려움이 예상됩니다.

원룸 시장, 도시형 생활주택 및 오피스텔은 입주 물량이 과다합니다. 도시형 생활주택은 일시적으로 과잉 공급되어 빈집이 매우 많습니다. 오피스텔은 가격이 분양가 밑으로, 즉 프리미엄이 마이너스인 경우도 많습니다. 오피스텔에는 임대소득을 위해 투자하는 사람이 많은데 투자하고 나서 건강보험료, 국민연금, 재산세, 종합소득세가 나오면 후회하기도 합니다. 부동산

원룸, 오피스텔, 도시형 생활주택 물량 과다

●

세금 때문에 수익률 하락 발생 주의

투자는 세금을 철저히 파악하지 않으면 오히려 정기예금 수익률과 비슷한 수준에 그칩니다.

이로 인해 많은 사람이 LH상가, 근린상가, 점포겸용주택에 몰려들어 수천 대 일의 경쟁률을 보이기도 합니다. 지방의 혁신도시뿐 아니라 위례 신도시, 미사지구 같은 택지개발지구 내의 점포겸용주택이 인기를 끌고 있습니다. 은퇴를 앞둔 베이비부머 세대가 자산을 안정적으로 유지하기 위해 그런 쪽으로 투자를 많이 하고 있지요.

그다음에 자산이 있는 사람은 건물을 많이 구입하고 있습니다. 2014년 상반기 서울시에서 323건의 중소형 건물 거래가 이뤄졌는데, 50억 미만이 67퍼센트입니다. 그중

2014년 근린상가, 점포겸용주택, LH상가 인기

●

30~60억대 빌딩 거래 활발

에는 30억에서 60억대의 건물이 많습니다. 2~3년 전만 해도 비싸서 팔리지 않던 것인데 거래 건수가 꽤 늘었습니다.

2015년 주식시장의 맥

진행자　네, 부동산 쪽에서는 단지 내의 상가와 지방의 중소형 규모 빌딩을 추천했습니다. 그럼 주식으로 넘어가 홍성국 KDB 대우증권 사장을 모시겠습니다.

홍성국　주식이든 부동산이든 투자를 할 때는 어디에 할지 선택해야 합니다. 미래를 통으로 좋다 나쁘다 할 수도 없고, '누가 그러는데 이게 좋다더라.' 하는 말을 믿고 투자하는 세상도 아닙니다. 재테크란 미래의 변화를 미리 알고 거기에 대응하는 것을 말합니다. 즉, '테크'라는 용어보다 여러분이 미래를 끊임없이 고민하고 실제로 공부한 뒤 투자에 나서는 게 성공 방법입니다.

　먼저 여러분은 시장이 걸어온 길을 잘 이해해야 합니다. 2003년부터 2008년까지 전 세계는 부채를 축적했습니다. 빚을 이용해 공장을 많이 지었죠. 그러다가 2008년 9월 17일 리먼 브러더스가 부도난 이후 안 되겠다 싶으니까 빚을 줄여볼 생각을 합니다.

　지금은 부채의 위기입니다. 우리나라는 현재 가계부채 때문에 내수가 돌아가지 않고 있지요. 다른 나라는 정부부채 때문에 돌아가지 않습니다. 빚이 너무 많아 더 이상 빚을 늘리기 어려운데 세계 경제가 툭 꺾이니까 각국이 두 가지 정책을 냈습니다.

　하나는 양적완화라고 해서 돈을 푸는 정책입니다. 지금 얼마나 풀려 있느냐면 14조 5,000억 달러입니다. 우리나라 돈으로 1경 5,000조

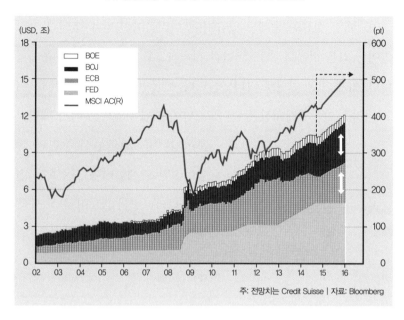

4대 중앙은행의 재무상태표와 MSCI AC Index

주: 전망치는 Credit Suisse | 자료: Bloomberg

원이라는 어마어마한 돈을 중앙은행이 시중에 뿌려놓은 겁니다. 그 위에서 여러분이 주식도 사고 부동산 투자도 하고 생활도 하고 있는 거지요. 그 돈을 뿌려놓지 않았으면 모두들 곤란해졌을 것입니다.

다른 하나는 여러분이 가장 고통스러워하는 금리를 역사상 가장 낮은 수준으로 내리는 정책입니다. 우리나라 기준금리가 현재 연 2퍼센트인데, 이건 아마 세종대왕 때보다 더 낮지 않을까 싶습니다.

그렇게 2008년 이후 6년이 지나 또 하나 문제가 생겼습니다. 도무지 세상이 좋아지지 않은 거지요. 돈을 많이 풀고 금리를 낮췄는데 민간에서 아무도 돈을 빌려가지 않고 오히려 돈을 갚아버린 겁니다.

여기에다 절묘한 문제도 있습니다. 여러분이 지난 4~5년간 가장 많이 들었을 것이고 저도 15년간 지속적으로 얘기한 고령화 문제입니다. 이게 지금 현실로 나타났습니다. 한국만 놓고 보지 마세요. 어느 나라든 2차 세계대전이 끝나고 2년이 지난 1947년부터가 베이비 부머입니다. 1947년생이 지금 몇 살이냐면 67세입니다. 고령화가 현실로 나타나면서 그것이 주식 시장, 부동산 시장에 영향을 주고 있는 겁

양적완화와 저금리 기조

●

전 세계적인 고령화 현상으로 경제가 더 침체됨

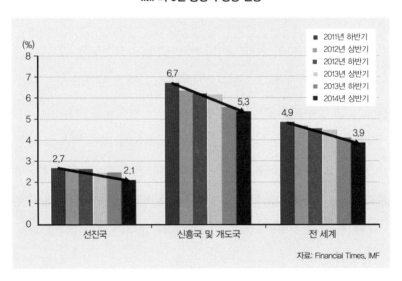

IMF의 5년 중장기 성장 전망

자료: Financial Times, IMF

니다. 고령자가 소비를 하지 않으니 경제가 더 나빠지는 것이죠.

그럼 앞으로 어떻게 될까요?

경기가 나빠지려고 하면 그 밑에 돈을 쫙 까는 수밖에 없습니다. 지금은 나빠지면 돈 풀고 또 나빠지면 돈 풀고 하는 과정입니다. 세계 경제나 한국 경제를 말할 때 2015년에 경제성장률이 3퍼센트를 넘지 못할 거라고 얘기하죠? 여전히 위험한 상황이라 돈을 푸는 것만으로는 되지 않으니 각국이 다양한 경제 정책을 계속 낼 겁니다. 임금을 올리거나 세제 개편을 하거나 어떤 정책이든 내겠지요.

장기적으로 5년 성장 전망률을 보면 전망치가 계속 하향하고 있습니다. 이것은 문제의 근원이 빚인데 정부가 빚을 줄이기는커녕 더 늘릴 거란 얘기입니다. 경제가 가라앉는 것을 막아야 하니까요. 미

앞으로 5년 성장 전망치 계속 하락
●
정부부채 더욱 늘어날 예정

국, 유럽, 일본, 영국이 11조 원의 돈을 풀어서 전체 규모가 줄지 않고 있습니다. 미국이 출구 전략을 채택해 2015년에 돈을 풀지 않아도 일본과 유럽이 더 풀어버립니다. 그러면 세계 전체적으로 돈은 계속 늘어납니다.

그렇지만 주식 시장이든 부동산 시장이든 하방 압력, 즉 떨어질 때 받치는 힘은 여전히 강합니다. 경제는 어려워도 돈과 주식이 부동산을 받치는 거지요. 물론 한국만 놓고 보면 얘기가 달라집니다. 한국만 특별히 더 어려운 이유가 있지요. 2003년부터 지금까지 전 세계

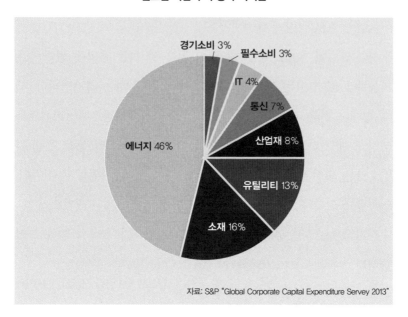

글로벌 기업 투자 증가 기여율

경기소비 3%
필수소비 3%
IT 4%
통신 7%
산업재 8%
에너지 46%
유틸리티 13%
소재 16%

자료: S&P "Global Corporate Capital Expenditure Servey 2013"

에서 가장 많은 투자가 이뤄진 산업은 에너지, 소재, 화학, 철강, 유틸리티, 발전소, 산업재, 조선, 기계, 건설입니다. 이 산업은 국가마다 모두 공급 과잉 상태입니다. 지난 3년간 종합주가지수는 제자리에 있는데 어떤 종목은 마치 IMF 때처럼 하락한 종목이 있죠. 그 회사가 속한 업종이 바로 에너지, 소재, 유틸리티, 산업재입니다.

사실상 한국은 이런 산업을 기반으로 성장해왔습니다. 이 산업이 전체 수출의 42.8퍼센트를 차지합니다. 그런데 전 세계적으로 공급 과잉이다 보니 한국의 수출이 늘지 않아 경제가 어렵습니다. 결국

2015년의 한국 경제도 만만치 않다고 볼 수 있습니다.

중국도 문제입니다. 사실 2014년 중국에 대한 비관론이 굉장히 강했습니다. 글로벌 투자은행들이 중국이 망했다고, 큰일 났다고 했지만 아직 중국에는 힘이 있습니다. 무엇보다 중국은 정부의 힘이 강하고 부채가 적습니다. 여기에다 금융기관들이 충분히 대비하고 있고 사회주의에서 자본주의로 전환하는 중입니다. 덕분에 제도 변경을 많이 할 수 있지요.

물론 중국이 어려워지고 있는 것은 사실입니다. 중국 경제가 너무 빨리 성장해 공급 과잉이 되다 보니 물가가 오르지 않아 임금상승률

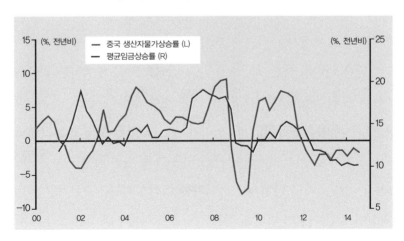

중국 생산자물가상승률과 평균임금상승률

**한국 기간산업 공급 과잉으로
2015년 경제 체질 개선 어려움**

●

**중국 비관론도 부상, 그러나
급락 없을 것**

이 떨어지고 있죠. 임금상승률이 떨어져서 마이너스가 되면 한국 화장품이 중국에서 팔리겠습니까? 한국 경제의 절반 정도가 중국과 관련된 상황이라 정부도 여기에 대해 위기를 느껴야 합니다. 하지만 중국은 장기적으로는 어려워도 3, 4년간은 계단식으로 하강하지 급락은 없을 것입니다.

한국의 2015년은 어떨까요? 지난 3년과 똑같을 겁니다. 지난 3년간 우리는 미국이 금리 인상을 언제 하느냐를 놓고 많은 논쟁을 했습니다. 결론적으로 달라진 것은 아무것도 없습니다. 이것은 세계가 이미 디플레이션에 빠져 저성장, 저금리, 저물가, 저투자가 불가피하다는 의미입니다. 미국이 금리를 인상해봐야 얼마 하지 않을 것이고 어쩌면 이미 반영이 되었을지도 모릅니다. 지금 우리나라 경제학자들이 디플레이션이냐 디스인플레이션이냐를 따지는데 그냥 디플레이션이라고 보십시오.

한국은 완전히 다른 세상으로 가고 있어요. '어, 이 회사는 좋았는데' 하는 인식은 다 버리세요. '아, 5년 전에 굉장히 좋았는데 이 회사 요즘 왜 이래' 이런 생각도 버려야 합니다. 바뀐 것을 있는 그대로 받아들여야 합니다. 여러분이 아는 좋은 회사, 나쁜 회사는 헛것입니다. 반대로 소재나 산업재에 들어가는 에너지, 화학, 조선처럼 공급 과잉이 심한 산업이 바닥을 찍고 경영을 잘하기 시작하면 조금은 기

업종별 영업이익 추이

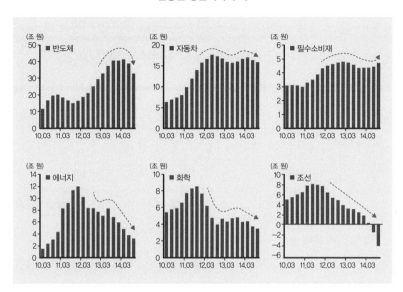

최근 3년간의 주식시장 추이

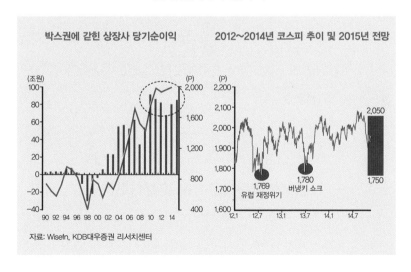

대해도 좋습니다. 그러므로 회사 하나하나의 내용을 잘 봐야 합니다.

재미있는 예를 들어볼게요. 일본이 고령화하면서 식품 소비량이 15년 동안 15퍼센트나 줄었어요. 특히 병맥주 소비량이 크게 줄었습니다. 노인이 되니까 위장이 좋지 않아 찬 맥주를 많이 먹지 않는 겁니다. 또 뚜껑이 달린 사케가 인기를 끌고 하우스 맥주도 크게 유행하고 있어요. 한마디로 사람의 니즈가 변한 겁니다.

고령화, 빈곤화, 양극화, 니즈의 변화를 감안해 종목 선정

●

2015년 KOSPI 바닥은 1,750~1,850으로 예상

결국 종목을 찾을 때는 고령화, 빈곤화, 양극화, 니즈의 변화 등을 감안해야 합니다. 2015년의 주식시장은 2014년이나 2013년과 동일할 겁니다. 바닥은 1,750~1,850으로 보고 있어요. 혹시라도 미국이 흔들리면 약간의 쇼크가 올 수 있습니다. 1,900 밑으로 가면 항상 사야 하지만 2,050이나 2,100을 넘을 힘은 아직 없습니다.

임대형 부동산은 10년을 내다보라

진행자   주식시장 전망이 상당히 어둡네요. 다들 '그래서 어쩌란 말이야' 하는 표정인데, 그럼 본격적으로 궁금증을 한번 풀어보도록

하겠습니다. 지난 20년간 주식 투자와 부동산 투자를 상담해온 김혜현 렌트라이프 대표의 얘기를 들어봅시다.

김혜현　　지금은 부동산이 임대시대로 바뀌었습니다. 언론 역시 수익형 부동산과 임대형 부동산 얘기를 굉장히 많이 하고 있지요. 정부 정책도 월세나 임대와 관련된 내용으로 가득합니다.

전통적인 부동산 투자 상품이던 아파트와 토지는 최근 가격 변동이 별로 없거나 오히려 떨어지는 지역도 있습니다. 수도권의 경우 2014년에 아파트가 1~2퍼센트 올랐지만, 과거 4년 치를 누적하면 마이너스입니다. 특히 수도권 대형 아파트는 가구원수 자체가 다섯 명, 여섯 명이던 시절이 지나갔기 때문에 계속해서 수요가 줄어들고 있습니다. 토지도 과거와 달리 공공기관이나 지자체에 재원 자체가

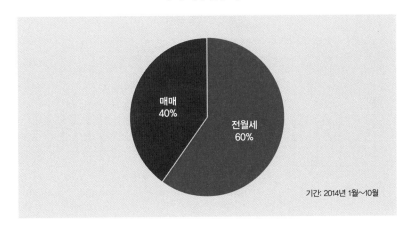

주택 거래 건수 비교

매매
40%

전월세
60%

기간: 2014년 1월~10월

많지 않은 상황이라 대규모 개발을 하기가 어렵습니다. 기업 역시 수도권이나 외곽으로 계속 땅을 늘려가는 투자는 할 수 없습니다. 이에 따라 상대적으로 투자 수요가 감소했고 거래가 쉽지 않습니다.

반면 전월세 임대 거래 비중은 60퍼센트에 달합니다. 임대 중에서도 월세 거래가 빠르게 늘어나고 있습니다. 저금리에다 베이비부머의 본격적인 은퇴가 시작되면서 안정적인 수익을 얻고자 하는 임대인이나 투자자가 늘어나 전세 거래보다 월세 거래가 늘고 있는 것입니다. 사무실과 상가는 물론 주거용 부동산에서도 월세가 빠르게 늘어나고 있습니다. 기존에는 원룸과 다세대주택에서 월세 거래가 많았지만 이제는 아파트에서도 월세 거래량이 30퍼센트 이상을 차지하고 있습니다. 앞으로도 이런 추세는 지속될 전망입니다.

부동산 수익률 분석

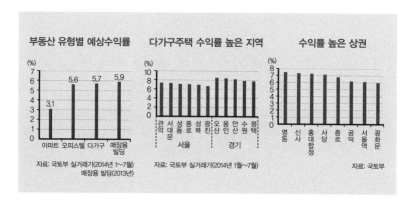

2015년의 부동산 전망은 전통적인 매매 차익형 부동산보다 임대형 부동산이 훨씬 밝습니다. 임대형 부동산 하면 흔히 오피스텔, 상가 정도만 생각하는데 사실은 굉장히 다양합니다. 살고 있던 아파트를 세놓을 수도 있고 부모님의 주택을 월세로 돌릴 수도 있습니다. 심지어 나대지를 임대해 월세를 받을 수도 있습니다. 임대형 부동산은 어떤 정형화된 것이 아니라 투자하는 부동산을 활용해 얼마나 고정수익을 누리느냐의 관점이므로 다양할 수밖에 없습니다.

원룸 주택은 세전 예상수익률이 연 5퍼센트대입니다. 매매가격이 비싼 반면 월세를 많이 받지 못하는 아파트는 3퍼센트 정도입니다.

베이비부머의 은퇴로 월세형 부동산 선호

●

2015년은 매매 차익형 부동산보다 임대형 부동산 전망 밝음

세금이나 관리 부담이 있어서 수익률이 그리 높은 편은 아닙니다. 강남은 2~3퍼센트대고, 외곽은 7~8퍼센트 수준이라고 보면 됩니다.

유망한 임대형 부동산을 묻는다면 세를 잘 놔서 월세가 꼬박꼬박 들어오는 부동산이라고 할 수 있습니다. 원룸은 1, 2인 가구 수요가 얼마나 많은 지역인가에 따라 달라집니다. 대학가나 사무실이 많은 업무중심지역 주변, 산업단지 등이 안정적인 월세를 누리는 지역입니다. 상가는 관광 수요가 많고 문화 콘텐츠가 발달한 지역, 안정적인 소비층이 있는 지역이 상대적으로 수익률이 높습니다. 다가구 주택의 경우 거래가격을 기준으로 분석하면 관악구가 수익률이 가장

관악구 원룸 수익률 가장 높아

●

안정적인 임차인이 있는 도심지역 임대 부동산 유망

높을 전망입니다. 관악구는 서울에서 1인 가구가 가장 많이 거주하는 지역입니다. 그다음으로 서대문, 성동구, 종로구, 성북구도 강남이나 용산처럼 매매가격이 비싸지는 않지만 도심의 직장인들을 대상으로 안정적인 임대소득을 올릴 수 있는 지역입니다. 결국 임대형 부동산에 투자할 때 가장 큰 판단 기준은 안정적인 임차인이 있느냐 하는 것입니다.

현재 부동산 투자에 대박은 없습니다. 아무리 수익형 부동산이 유망하고 대세일지라도 과거에 아파트나 토지를 사서 몇 년 내에 두세 배 오르던 정도의 대박은 기대하기 어렵습니다. 임대형 부동산은 1, 2년이 아니라 10년 정도를 내다보고 투자해야 합니다. 특히 오피스텔은 소액으로 투자할 수 있어서 인기가 높은데 2014년에만 4만 5,000호 정도가 공급되었습니다. 2015년에도 3만 5,000호가 공급될 예정입니다. 2012년부터 2016년까지의 물량이 기존 물량의 30퍼센트 이상을 차지할 정도로 많이 공급됩니다. 원룸도 빠르게 증가하고 있고 도시형 주택도 최근 5년간 30만 호 이상 공급됐습니다. 정부도 계속 임대형 부동산을 늘리는 정책을 내놓고 있기 때문에 공급 물량은 앞으로도 늘어날 것입니다. 특히 아파트는 짓는 데 6개월에서 1년밖에 걸리지 않고 민간인이 짓는 것이라 빠르게 공급 과잉이 올 수 있음을 감안해야 합니다.

임대형 부동산에 투자할 때는 '얼마나 남을까'를 계산하기보다 '어떻게 하면 리스크를 줄이고 갈 수 있을까'의 관점에서 생각해야 합니다. 다시 말해 임차 수요가 풍부한 지역, 입지나 발전 가능성이 있는 물건으로 압축해서 투자해야 합니다. 예를 들어 상가 투자를 하는데 월세 300만 원을 받고 싶으면 내가 그 임차인이라고 했을 때 임대료, 인건비, 재료비를 내고도 남아서 장사를 할 수 있는 지역인지 생각해봐야 합니다.

지금까지는 순수하게 부동산만 보고 투자를 했지만 임대시대에는 임차인을 잘 파악하는 것이 중요합니다. 똑같은 소득을 올려도 강남에 있는 임대형 부동산에 투자하면

수익률 높이기보다 리스크를 줄이는 것이 투자 목표

●

대박보다는 10년을 내다보고 투자해야

월세를 100만 원 받아 다섯 명만 관리하면 되는데, 그 돈으로 외곽의 부동산에 투자하면 열 명을 관리해야 합니다. 이 경우 관리 부담과 세금, 비용, 리스크 등을 잘 따져봐야 합니다. 지금은 대박을 노리기보다 상대적으로 좀 안정적이고 장기적으로 경쟁력이 있는 부동산에 신중하게 투자해야 하는 시기입니다.

포트폴리오에서 주식 비중을 늘려야 하는 이유

진행자 네, 원룸과 상가 쪽 얘기를 들어봤습니다. 저성장, 저금리 시대의 투자 전략을 들었는데 좀 좋지 않은 전망도 있네요. 그래도 큰 거 한 방이나 단기적으로 수익을 올릴 방법을 찾는 분이 분명 있을 겁니다. 저도 그런 걸 원해서 열심히 들었는데 별로 속이 시원하지 않네요. 그래서 네 분께 그냥 속 시원하게 묻고 싶습니다. 저에게 돈이 있다면 주식과 부동산 중에서 대체 어디에 투자해야 합니까?

최준철 저라면 주식에 많은 비중을 둘 겁니다. 물론 이건 선택의 문제입니다. 그러니까 주식이냐 부동산이냐 하고 크게 보기보다 주식과 부동산에서 각각 투자대상 리스트를 만들어야 올바른 의사결정을 할 수 있습니다. 저는 싼 주식의 리스트를 갖고 있기 때문에 거기에 대해 자신감이 있지요. 부동산도 4~5차 유찰된 싼 부동산이 있거나 주식의 배당주처럼 안정적으로 임대수익을 올릴 수 있으면 투자하죠. 여기에서 중요한 부분이 세제 문제인데 아직은 주식이 세제 면에서 우월합니다. 시세차익에 과세하지 않기 때문에 세후수익률로 따지면 부동산보다 주식이 세제 면에서 좀 더 유리하죠.

진행자 부동산은 종자돈이 좀 많아야 하잖아요.

최준철 주식도 크게 할 수 있습니다. 저는 세제 면을 보나 가격 수준을 보나 목표수익률만 크게 잡지 않으면 주식이 우월하다고 봅니다.

진행자 그러니까 일단 돈이 있으면 무조건 싼 주식을 사겠다는 거네요. 홍 대표님은 어떻게 생각하세요?

홍성국   여기 계신 분 중 부동산을 사려고 온 분은 아마 없을 겁니다. 대개는 '꼭 빠져나와야지', '언제 빠져나올까' 하는 생각을 할 것입니다. 지금 전세난, 월세난이 심각하지만 앞으로 분양이 늘면서 해소되리라고 봅니다. 그러면 월세 수익률이 뚝 떨어질 수 있습니다. 하긴 전 국민이 이혼하면 집 수요가 2배로 늘 수도 있지요. 하지만 그건 불가능한 일이지요.

주식은 아무리 어려운 시기에도 어려움을 헤쳐 나가는 기업이 분명 있습니다. 25년간 어려움을 겪어온 일본에는 전자 재료를 만들던 회사가 자동차 부품을 만들면서 세계적인 업체로 성장한 사례가 있습니다. 소니에만 납품하던 회사가 도요타나 미국에도 납품하기 시작하면서 성장한 것이지요. 이렇게 기업은 자꾸만 길을 찾습니다. 그런데 부동산은 세상이 사라지지 않는 한 고정자산입니다. 옮길 수가 없지요. 당연히 주식의 비중을 늘려야 합니다. 현재 우리나라는 주식의 비중이 너무 낮은데 앞으로 여러분은 부동산을 팔고 예금을 줄여서 주식으로 올 수밖에 없습니다.

아직은 주식이 세제 면에서 우월

●

고정된 부동산보다 성장할 길을 찾는 기업에 투자해야

수익형 부동산의 미래

진행자　　두 분이 증권 쪽에 있다 보니 너무 주식 쪽 마인드로 얘기가 흐른 것 같은데, 이 팀장님 반론이 있지 않나요?

이남수　　제가 2002년부터 은행 PB센터에서 자산가들을 관리하고 있는데 주식에 투자해서 돈을 번 분을 별로 못 봤습니다. 주식은 해외 변동이 크다 보니 사실은 손실을 본 분이 훨씬 더 많아요. 특히 직장인들 중에는 직접 투자를 하는 분도 있는데 종목 중에 휴지조각이 된 것도 꽤 많지요.

한국 갤럽에서 발표한 조사 자료를 보면 증시가 침체되고 저금리다 보니 재테크 선호도가 부동산, 은행 적금, 펀드, 주식 순으로 나타났더군요. 부동산은 말뚝만 박아놓으면 돈이 되던 시대가 지나간 뒤라 토지 시장이나 주택 시장의 선호도가 떨어진 게 사실입니다. 앞으로 부동산 쪽에 진입장벽이 높긴 하겠지만 여전히 가능성은 있다고 봅니다.

진행자　　김혜현 대표님. 부동산입니까, 주식입니까?

김혜현　　당연히 부동산이지요. 자산가들을 만나보면 예금금리는 너무 낮고 주식은 굉장히 리스크가 크다고 생각하는 분이 많습니다. 부동산은 실물자산이라 당장은 손실이 나도 기다릴 수 있다는 장점이 있지요. 또 임대소득을 올리면서 내 부동산을 그대로 유지한다는 장점도 있습니다.

최근 정부에서 주택 임대와 관련된 과세 부분을 많이 논의하고 있는데 세금 이슈를 너무 부각시키는 것 같습니다. 소득이 있는 곳에 세금이 있는 것은 여태까지 당연한

부동산 진입장벽 높지만 여전히 가능성 높아
●
활용할 수 있는 실물자산으로써 부동산 매력 여전

일이었잖아요. 상가나 상업용 부동산은 과세를 하고 있었습니다. 오히려 주거용 부동산은 비과세 인정 기간이 구입 후 3년으로 줄어들고 나중에 분리과세도 하는데다 의료보험이 연동받지 않도록 여러 혜택도 지원하고 있지요. 그렇다고 수익형 부동산이 무조건 좋다는 것은 아니지만 부동산은 한물갔다고 얘기할 수 있는 상황은 아닙니다. 은행 예금금리보다 2~3퍼센트포인트 정도 높은 수익률을 기대할 수 있는 상품은 여전히 부동산입니다. 상대적으로 주식보다 안정적이라고 할 수 있습니다.

2015년, 목표수익률 얼마로 잡아야 할까

진행자 지금 '주식이냐 부동산이냐'를 놓고 네 분의 전망을 들었는데, 한 단계 더 깊이 들어가 보겠습니다. 일단 주식 전략에서 목표수익률을 대체 얼마로 잡아야 하는 건가요?

최준철 우리는 40~50개 종목에 분산투자를 합니다. 싼 A급 종목

이 많을 때는 일부 종목에 대한 집중도가 좀 더 높았습니다. 지금은 상황이 그렇지 않으니까 분산투자를 합니다. 뭐가 먼저 올라갈지 모르니까요. 대략 저평가된 것, 제자리로 돌아가면 수익이 날 것 같은 종목은 각자 30퍼센트 정도 수익을 기대합니다.

진행자　연간으로 30퍼센트인가요?

최준철　네. 그런데 40개 종목이 한꺼번에 30퍼센트씩 나는 게 아니라 좀 늦게 반영되는 것도 있고, 아이디어가 맞지 않아 좀 떨어지는 것도 있습니다. 따라서 제가 생각하는 목표수익률은 연 7~9퍼센트입니다. 만일 수익률이 10퍼센트를 넘긴다면 야구선수가 3할을 친 것이나 다름없죠.

진행자　2014년엔 수익률이 얼마였죠?

최준철　2014년에는 4~5퍼센트입니다.

진행자　그럼 본래의 목표보다 낮은 거네요.

최준철　네, 2014년에는 3할이 안 되었지요. 그래서 요즘 문의를 많이 받고 있습니다. 앞으로 시장이 괜찮겠느냐고 묻는 거지요.

진행자　그래도 가치투자를 정석이라고 보는 겁니까?

최준철　주식은 '빠지면 위험하다'가 아니라 반대로 빠지면 안전합니다. 빠지면 그만큼 안전 마진이 더 생기고 제자리 가치에 갈 때까지 수익을 낼 수 있는 폭이 커집니다. 오히려 지금이 잘 선별하면 30~40퍼센트 수익률로 재평가받을 수 있는 종목에 분산투자할 기회입니다. 여전히 예금금리 이상의 수익률을 낼 수 있는 포트폴리오

구성이 한국 시장에서도 가능하다
고 생각합니다.

주식은 오히려 빠지면 안전

●

예금금리 이상 수익률 포트폴리 오 가능

진행자 여러분, 2014년 주식형
펀드 수익률이 다 마이너스인거 아시죠? 그 와중에 VIP투자자문이
4퍼센트라는 높은 수익률을 기록했습니다. 이분이 지금 가치투자와
싼 주식은 7~8퍼센트의 수익을 올릴 수 있다고 했어요. 그러면 최
대표님, 좀 더 구체적으로 종목을 알려주면 안 될까요? 40개 종목이
구체적으로 어떤 거지요?

최준철 사실 저는 싼 주식을 좋아하는데 다른 사람들은 기업의
이익이 팍팍 늘어나는 걸 좋아합니다. 물론 우리는 자산도 함께 봅
니다. 예를 들어 선을 보는데 남자가 연봉이 2,000만 원이면 관심이
가지 않잖아요. 그런데 알고 보니 예금통장에 100억 원이 있다면 확
관심이 가지 않습니까? 마찬가지로 우리는 연봉이 얼마인지만 보는
게 아니라 무얼 갖고 있느냐를 같이 봅니다.

가령 현대홈쇼핑이나 GS홈쇼핑 같은 홈쇼핑 업체는 현금을 많이
갖고 있습니다. 이들은 이익만 보면 재미가 없지만 갖고 있는 자산
까지 보면 현재 주가가 너무 낮습니다. 장기적으로 홈쇼핑이 과거와
같은 성장세를 보이지는 않겠지만 그래도 지금은 좀 싸게 거래되는
상황입니다.

해외투자든 국내투자든 지금은 중국인이 돈을 어디에 쓰느냐를

해외투자든 국내투자는 중국인이 돈을 어디에 쓰느냐를 잘 봐야

●

중국 소비자와 연결된 국내 기업 주목

잘 봐야 합니다. 그들의 주머니가 가장 불룩하고 소비가 한창 왕성한 시기이기 때문입니다. 우리는 소비보다 지키는 쪽, 즉 노후를 대비하지만 중국은 소비를 하면서 만족감을 느끼는 단계이므로 그들의 돈이 어디로 가느냐를 봐야 합니다. 그런 의미에서 저는 자동차 쪽에 여전히 기회가 있다고 봅니다.

중국인은 아직 비싼 자동기어 대신 수동기어를 씁니다. 당연히 그들도 점점 자동기어로 바꿀 겁니다. 픽업트럭 타다가 SUV를 탈 거고요. 집에 차가 한 대였다가 두 대가 될 겁니다. 결국 중국 자동차회사들은 자동차의 품질을 높여야 하므로 부품을 업그레이드할 것입니다. 그런데 기술 수준은 낮고 일본의 부품은 비싸니 그 수요를 한국의 자동차 부품회사가 충족시키겠지요. 한국의 부품회사는 현대차 밑에서 제대로 단련을 받았고 원가 경쟁력도 있습니다. 품질도 좋고요. 우리나라 자동차 부품회사의 성장을 기대해보는 것도 좋습니다. 이 업체들의 주가는 비싸지 않기 때문에 좋은 기회가 있을 거라고 생각합니다.

진행자 　그럼 홈쇼핑 업체와 자동차 부품회사 투자는 수익률 연 30퍼센트를 기대할 수 있는 건가요?

최준철 　자동차 부품회사는 긴 주식으로 봐야 합니다. 중국 자동차회사와 함께 기술 개발에 들어가면 2, 3년 후 그 자동차에 탑재돼 꾸준히 판매할 수 있지요. 물론 지금 과실을 거두는 회사도 있습니다. 예를 들어 만도는 전부터 중국 시장을 개척해 현재 영업이익의 절반이 중국에서 나오고 있습니다. 그처럼 준비를 잘한 회사는 벌써 과실을 거두고 있습니다. 지금은 현대기아차에 의존하고 있지만 2, 3년 지나 현대기아차의 비중이 떨어지면서 다변화하는 회사를 많이 만날 겁니다.

2015년은 KOSPI 지수 따라 투자하라

진행자　네, 가치투자 쪽 얘기를 들어봤습니다. 홍 대표님, 아까 주가 전망을 보니까 1,750~2,050이네요. 그런데 지금이 1,980이에요(2014년 12월 5일 기준). 얘기를 듣다 보면 그냥 '국내투자 하지 말라'는 소리로 들릴 것 같아요.

홍성국　그런 생각을 하는 분이 정말 많습니다. 주식투자를 하는 분 중에 버스의 막차 심리에 쫓기는 분이 꽤 있습니다. 고위직에 있는 분도 세계 경제 얘기하다가 마지막에 "한 종목만 딱 찍어봐" 이렇게 말씀하시거든요. 우리나라는 아직 금융 문화가 어설퍼요. 제가 아까 1,750~2,050의 어느 밴드 안에 2015년의 주가가 갇혀 있을 거라고 했지요. 지난 3년과 유사하고 어정쩡하다고도 했습니다. 그럼 기다리세요. 기다리면 틀림없이 또 옵니다. 악, 소리를 내면서 미국의 상황을 얘기할 수도 있지만 제가 아까 세 가지 확신을 말했잖아요. 전 세계가 디플레이션 상태라 경기가 나빠지면 물가상승을 걱정하지 않고 또 돈을 풀 수밖에 없어요. 가끔 1,900이 깨지려고 하지요? 1,900까지 갔을 때 거기서 판 분과 산 분이 있습니다. 산 분은 신뢰가 있는 거예요. 중국이 아무리 어렵다고 해도 중국을 신뢰하면 거기서 버티고 오히려 더 샀을 겁니다. 사실 우리나라도 엄청난 변화 속에 있어요.

전문적으로 24시간 내내 주식을 고민하는 사람들이 있습니다. 여러분이 조금 공부했다고 수십 년 공부한 사람과 싸워서 이길 수는 없어요. 더구나 외국 투자자들은 세계에서 가장 똑똑하고 세계 경제 변화를 다 아는 사람들입니다. 그들과 투자 전략을 겨루면 안 됩니다. 그냥 1,900대 초반에서 좀 샀다가 2,050 정도면 파십시오. 그러면 연간 5퍼센트, 10퍼센트의 수익률은 올릴 수 있습니다. 막차 타는 심리를 버리고 주가를 보는 분만이 혜택을 누릴 수 있습니다.

당분간 KSOPI 박스권 유지, 관망세

●

1,900대 초반 매입, 2,050 매수 포지션 유지

진행자　1,900대 초반에 주식을 사고 2,000대 초반에 팔라는 거죠?

홍성국　네. 2,050이나 2,060이 되면 좀 줄이고요.

진행자　그럼 지금 대우증권에서 추천하는 업종이나 2015년에 1,900 언저리에서 살 만한 업종 혹은 종목이 분명 있다는 얘기가 아닙니까? 어떤 종목을 추천하세요?

홍성국　제가 말한 지수는 ETF(상장지수펀드) 투자나 펀드에 가입하는 시점 및 판매 시점을 말합니다. 주식 종목 투자는 가급적 하지 마세요. 그래도 하겠다면 기업들이 바뀌어가는 상황에 주목해야 합니다. 아주 빠른 속도로 말이죠. 소재와 산업재 업종을 예로 들면 유가가 계속 떨어지고 있으니까 유가가 60달러 밑으로 갈 경우 살 만한 주식이 꽤 있습니다. 원자재값 하락의 수혜를 보는 기업에 주목할 필요가 있지요.

국내보다 해외 주식투자가 수익률이 높다

진행자　그러면 부동산 쪽으로 넘어가기 전에 하나만 더 질문하겠습니다. 해외투자는 어느 지역의 어떤 종목이 좋을까요?

홍성국　해외투자도 개별 종목별로 접근합니다. 개별 종목을 많이 보면 뭔가 짚이는 게 있습니다. 낚시를 할 때도 고기가 많이 나오는 데를 보면 플랑크톤이 있잖아요. 그처럼 지속적으로 성장하는 종목을 추려보면 공통적인 특징이 있는데, 대개 중국인이 돈을 좀 쓰는 곳입니다. 그런 길목을 지키는 기업은 국가를 막론하고 확실히 성장합니다.

진행자　국내보다는 수익률이 좀 더 높은 거죠?

홍성국　네. 우리나라는 대부분 중화학공업 중심이기 때문에 고정 투자에서 소비로 넘어가는 중국의 트렌드에 맞는 종목이 많지 않습니다. 기껏해야 초코파이나 화장품 정도에 불과한데 해외로 가면 그런 상황에 잘 맞는 회사들이 있습니다. 예를 들어 중국인은 앞으로 여행을 많이 다닐 것입니다. 여기에서 뭔가 이익을 볼 수 있는 회사, 예를 들면 태국의 공항이 있습니다. 저가 항공도 마찬가지이지요. 초기에는 싸게 여행을 다니려는 수요가 있으니까요. 유가도 합리적인 수준으로 빠지고 있고요.

또 중국 내에 성장기가 오래갈 만한 회사들이 있어요. 샤오미폰도 그렇지요. 그런 회사들이 굉장히 빠른 속도로 모바일 인프라를 깔고 있습니다. 그런데 모바일 인프라를 깔면 전화만 하지는 않을 것 아닙니까? 학생들에게 스마트폰 기능 중 가장 싫은 기능이 뭐냐고 물었더니 전화가 오는 거라고 하더군요. 다른 걸 하고 있는데 전화가 오면 끊어져서 그럽니다. 모바일 인프라가 깔리면 그걸로 엔터테인먼트나 여러 다른 부분을 추구할 수 있습니다. 중국의 경우 경기가 좋든 나쁘든 모바일 인프라로 중국인이 돈을 쓰는 부분이 생깁니다. 결국 중국의 인터넷 관련 회사에 주목해야 합니다. 중국에는 인터넷 서비스 기업의 종류가 굉장히 많습니다. 거기에서 환경에 가장 잘 맞는 기업을 골라내 5년, 10년 갖고 버티면 아모레퍼시픽이나 네이버가 보여준 것처럼 폭등세를 경험할 수 있습니다.

진행자　사실 개인들이 투자하는 게 쉽지는 않잖아요. 그러니까 전문 투자자에게 돈을 맡겨서 투자하는 게 훨씬 더 나은 겁니까?

홍성국　제가 하루에 기업과 관련해서 읽는 양이 복사지 한 통 분량입니다. 평균 퇴근 시간이 열 시에서 열한 시고요. 저보다 더 공부를 많이 하면 직접 해도 됩니다. 그렇지 않으면 24시간 내내 공부하는 사람에게 맡기십시오. 그만큼 시장에서 올바른 종목을 골라내는 게 녹록하지 않습니다. 그렇다고 기회가 없다는 의미는 아닙니다.

중국 모바일 인프라 성장, 네이버 같은 기업 출현 기대

●

중국 내에서 성장기가 길 만한 기업 주목

부동산, 수익률과 관리 부담 사이의 균형을 잡아라

진행자　그럼 부동산 쪽으로 넘어가보겠습니다. 김 대표님이 수익형 부동산은 수익률이 5퍼센트대, 아파트는 3퍼센트대라고 했어요. 하지만 모든 지역에서 수익이 나는 건 아니고 잘나가는 특정 지역에 투자해야 한다고 했는데, 그 잘나가는 지역이 어디인지 다들 구체적으로 알고 싶어 하거든요.

김혜현　기본적으로 수익형 부동산 중 상업용 부동산은 강남의 수익률이 4퍼센트 초반, 심하면 3퍼센트대까지 떨어진 상태입니다. 평균적으로 5퍼센트라고 했지만 외곽으로 갈수록 수익률이 상대적으

로 높아집니다. 그러면 강남은 투자금액이 크고 수익률은 낮은데 왜 강남에 투자하느냐고 생각하는 분이 있을지도 모르지만, 수익형 부동산은 사두고 끝나는 게 아니라 유지 관리해서 수익을 내야 합니다.

강남은 임차인 수요가 풍부하고 임차인의 소득도 높은 지역입니다. 수익률은 다소 낮아도 안정적인 부동산이지요. 그런 부동산에 투자할지, 아니면 수익률은 높지만 외곽지역에 있어서 자칫하면 공실이 나거나 임차인을 못 구하는 리스크를 안을지는 선택의 문제입니다. 단순히 수익률만 가지고 판단할 수 있는 문제는 아닙니다.

여하튼 투자금액이 많지 않고 수익률이 높은 지역은 주거용 부동산의 경우 도심권 주변 지역입니다. 수도권은 산업단지나 기업체 주변 지역이 상대적으로 수익률이 높습니다. 반면 상업용 부동산은 천차만별입니다. 최근 신도시나 택지지구의 상가를 분양받는 사람이 많은데 입지도 좋고 향후 발전 가능성도 있지만, 분양업체가 말하는 정도의 임대료를 확신할 수는 없습니다. 대형 개발의 경우 개발 완료까지 적어도 2~3년이 걸리므로 그때까지 수익은 없다는 생각으로 투자해야 합니다.

부동산, 수익률과 리스크 어느 쪽에 더 중점을 둘 것인지 결정
●
상대적으로 주거용 부동산 수익률이 높음

상대적으로 주거용 부동산은 수익률이 다소 높습니다. 7~8퍼센트까지 나오는 원룸이 꽤 있습니다. 문제는 관리 부담이 크다는 데 있지요. 매달 50~60만 원짜리 월세와 관리비를 받아야 하고 24시간 AS를 해야 합니다. 물이 나오지 않거나 빌딩 시설이 고장 날 수도 있고요. 그 모든 걸 감수하고 7~8퍼센트의 수익률을 올릴 것인지 판단해야 합니다.

반대로 오피스텔이나 아파트는 수익률이 낮지만 관리 부담은 거의 없습니다. 관리사무소가 알아서 관리하고 투자금액도 많지 않지요. 그래서 임대형 부동산에 투자할 때는 내가 어떤 것에 가치를 두고 투자할지 먼저 판단해야 합니다. 거기에 맞춰 어떤 유형의 부동산을 어느 지역에 투자할지 판단하는 것이 중요합니다.

부동산 적정 기대수익률

진행자 오피스텔이나 상가, 부동산을 살 때 대출을 받아 투자하는 분이 많지 않습니까? 그런 걸 고려하고 세금 떼는 것까지 감안하면 과연 5퍼센트 수익률을 적정하게 낼 수 있는지 궁금하네요. 어떤 경우에는 마이너스 수익률도 날 것 같은데요.

이남수 지금 대출 이자율이 3퍼센트대 초반이기 때문에 부분 대출은 전체 수익률을 높이는 데 굉장히 유효한 조건입니다. 다만 세금을 생각해볼 필요가 있습니다. 예를 들어 6억짜리 상가인데 월세가 400만 원이라고 해봅시다. 이때 근로소득이 없는 부인 명의로 하면 부인의 건강보험이 지역가입자로 바뀝니다. 그럼 건강보험료가

30만 원 넘게 나와요. 여기에 국민연금, 재산세, 환경개선부담금, 교통유발부담금을 모두 합하면 전체 수익률에서 1.2퍼센트포인트가 깎입니다. 5퍼센트 수익률 오피스텔이라면 실제 수익률은 3퍼센트대 후반입니다. 그런데 많은 사람이 정기예금 2배 정도의 수익률을 기대하지요. 지금 일 년짜리 정기예금 금리가 연 2.3퍼센트니까 실질 수익률이 4퍼센트대는 되어야 합니다. 그러면 세전으로 6퍼센트 수익률이 나와야 세금 떼고 수익을 좀 낸다고 할 수 있습니다. 특히 원룸은 과잉 공급이나 관리상의 문제가 있습니다. 또 중간에 공실이 나면 실질 수익률은 더 낮아집니다. 지역도 중요하지만 그런 부분을 감안해서 투자 상품을 고르는 것이 재테크의 핵심입니다.

부동산 투자 시 세금 주의
●
원룸은 과잉 공급과 관리, 공실 문제 살펴야

재건축이 좋을까, 신규 분양이 나을까

진행자 아파트의 경우 재건축과 분양 시장 중에서 어느 쪽 투자 수익률이 더 높을까요?

김혜현 2014년에 아파트를 구입한 사람들은 대부분 특별한 패턴을 보였습니다. 아파트 가격이 떨어질 거라는 가정 아래 상대적으로 경쟁력이 있는 2000년대 중후반에 지은 신규 아파트를 구입하거나 역세권의 소형 아파트를 구입했지요. 아니면 미래 가치를 보고 재건축 아파트에 투자했습니다.

제가 볼 때 2015년에도 재건축 투자는 괜찮습니다. 다만 투자수익률 면에서 대치 청실의 경우 아직 입주하기 전이지만 32평형 매매가격이 11억 정도입니다. 추가 부담금까지 계산하면 13억일 것으로 예상합니다. 그 옆에 있는 은마 아파트의 가격은 이미 10억 원입니다. 추가 부담금을 고려할 경우 사실상 입주 후에도 투자수익이 그리 높다고 볼 수 없습니다. 그러니까 지금 아파트 투자는 과거처럼 매매차익을 노리기보다 미래에 내가 거주할 수도 있다고 보고 상대적으로 경쟁력 있는 아파트에 투자한다는 생각으로 접근해야 합니다.

분양 아파트의 경우에도 청약 시장이 인기가 많았습니다. 지금 분양하는 단지는 대부분 택지개발지구나 신도시, 재건축 아파트처럼 인기 지역이라 상대적으로 청약경쟁률이 높았지요. 그렇다고 나중에 투자수익률이 높으냐면 그렇지 않습니다. 미래 가치가 결국 분양가에 반영돼 있기 때문입니다. 따라서 아파트에 투자할 때 미래에 20~30퍼센트는 거뜬히 오를 거라고 생각하며 접근하면 안 됩니다. 세를 주거나 자녀에게 증여해도 경쟁력이 있다고 판단하는 아파트에 신중하게 투자하는 것이 맞습니다.

분양가에도 이미 미래 가치 반영

●

아파트 투자 시 미래 거주 가능성 보고 접근

투자금액별 추천 전략: 1억 원 미만

진행자　금액별로 괜찮은 업종이나 종목, 괜찮은 투자 상품을 구체적으로 알려주면 안 되느냐고 생각하는 분들이 있을 것 같네요. 그래서 금액별로 어떤 종목, 어떤 투자 상품이 좋다는 것을 짤막하게 답변해주셨으면 합니다. 먼저 내가 갖고 있는 돈이 1억 원 미만일 때, 몇 천만 원 아니면 1억 원 정도일 때 어디에 투자해야 할까요?

최준철　1억 원은 부동산에 투자하기엔 적은 금액입니다. 주식의 장점 중 하나는 소액으로 투자가 가능하다는 것인데 1억 정도라면 분산투자를 하는 것보다 국내에서 장기 레코드가 검증된 펀드, 즉 가치주 펀드나 배당주 펀드 한두 군데에 투자하는 게 좋습니다. 그 트랙 레코드를 꾸준히 모니터링하는 건 기본이고요.

진행자　성장주 펀드 말고 그냥 가치주 펀드 두 개에 분산하면 되는 겁니까?

최준철　장기적으로 가장 검증되어 있고 투자자의 기대를 배신하지 않는 대표적인 투자 집단이 가치펀드매니저입니다. 1억 원 미만은 분산의 정도를 넓히기보다 좀 더 안전하고 검증된 집중을 하는 게 맞는다고 생각합니다.

진행자　홍 대표님은요?

홍성국　사실 1억 원은 옮기기에 아주 편한 돈입니다. 더 커지면 오히려 운용하기가 어렵지요. 저는 50퍼센트 정도는 ETF에 투자했으면 합니다. 특히 지수형 ETF로 지수의 움직임에 따라 투자하는 것이 좋습니다. 30퍼센트는 요즘 문제가 되고 있긴 하지만 ELS(주가연계증권)에 넣고요. 나머지 20퍼센트는 주식에 직접 투자하거나 가치형 펀드처럼 개별 종목 주식에 대한 밀접도가 높은 쪽으로 배분하기 바랍니다.

진행자　부동산은요?

이남수　1억 원으로는 부동산에 투자하기가 어렵습니다. 잘 팔릴 만한 상품을 사야 하니까요. 지방에서는 1억 원으로도 가능하지만 나중에 팔고 빠져나올 수 있느냐 하는 문제가 있습니다. 제가 볼 때는 1억 원을 잘 굴려서 목돈으로 키운 다음 부동산에 투자하는 게 좋지 않을까 싶네요.

진행자　김 대표님은요?

김혜현　없습니다. 지금 1억 원대로 할 수 있는 건 오피스텔이나 호텔형 분양 정도입니다. 대출을 받아서 할 수도 있지만 그 정도 금액으로 부동산에 투자하는 것은 무리라고 봅니다. 특히 오피스텔이나 호텔은 노후화하면 내가 어떻게 할 수 있는 부분이 없거든요. 한번 잘못 사면 매도하기도 어렵고요. 저는 1억 원대를 가지고 무리하게 대출을 받아 부동산에 투자하는 것은 바람직하지 않다고 봅니다.

이남수　'1억 원 투자로 대출을 받아 두 채를 살 수 있다. 2년간 확정수익률 10퍼센트' 하는 광고가 많아요. 문제는 이것이 지속가능한가 하는 점이죠. 물론 1, 2년차는 가능할 수 있지만 나중에는 원금을 되찾기도 힘듭니다. 그런데 의외로 많이 투자를 하더라고요. 재테크를 떠나 나중에 부부싸움의 원인이 되므로 그런 투자는 삼가는 게 좋습니다.

투자금액별 추천 전략: 1억 원~5억 원 미만

진행자　　그러면 금액을 좀 올려보겠습니다. 갖고 있는 돈이 5억 원이라면 혹은 1억 원은 넘고 5억 원은 안 된다면 어떨까요? 짤막하게 하나씩 추천을 해주시죠.

최준철　　5억 원이면 3억 원은 아까 말한 장기 레코드가 검증된 펀드에 나눠 투자하면 좋습니다. 1억 원은 지역이든 콘셉트든 테마든 그런 것을 조금씩 학습하는 용도로 해외 펀드를 했으면 합니다. 어차피 해외 주식을 하지 않을 수 없는 상황으로 가고 있거든요. 나머지 1억 원은 직접 투자를 해볼 만합니다. 제게 자동차 부품이나 홈쇼핑에 아이디어가 있는 것처럼 각자 아이디어가 있을 수 있지요. 그런 아이디어를 발현하는 쪽으로 잘 아는 종목 위주로 직접 투자를 하면서 감을 익히는 것이 좋습니다. ETF도 가능하고요.

홍성국　　저도 비슷합니다. ETF에 30퍼센트를 넣되 특히 ELS, DLS(파생결합증권)는 지금이 기회입니다. 주가가 낮으니까요. 종목보다 지수형으로 해도 은행예금보다 훨씬 좋고 부동산 수익률을 월

등히 감당합니다. 30퍼센트는 본인이 공부하는 걸 좋아하면 직접 투자를 해도 괜찮습니다. 공부 말고 TV 보는 걸 좋아하면 그냥 예금으로 넣어두세요. 결국 3:3:3 정도로 추천합니다.

이남수　5억 원이면 큰 금액이지만 실제로 찾아다니다 보면 물건이 별로 없습니다. 대출을 감안해 7~8억 원짜리를 살 수 있으므로 상가 쪽에서 찾는 게 좋습니다. 한데 현장에서 찾으려고 하면 물건이 없어요. 특히 1층에 목 좋고 브랜드가 들어올 만한 상가는 10~20억 원 이상이므로 살고 있는 아파트 단지 내, 집 근처, 길 건너 근린상가에서 2층까지 보는 게 낫습니다.

'투자' 하면 다들 멀리 있는 것을 생각하지만 가능성을 잘 관찰하려면 근처에 있어야 합니다. 평창을 한번 볼까요? 동계올림픽이 모두 평창에서 열리는 게 아니라 강릉에서도 많이 열려요. 평창에서는 스키만 탑니다. 그런데도 전화하거나 찾아가서 평창 땅을 계약하고 와요. 그보다는 여러분이 출퇴근하면서 관리와 관찰이 가능한 곳을 찾는 게 좋습니다.

김혜현　5억 원대로 투자할 수 있는 부동산 중 하나는 상가고요. 그다음에 아파트, 원룸형 주택, 다가구주택입니다. 다가구주택은 은퇴하고 내가 거주하면서 월세를 받는 상품으로 보면 됩니다. 9억 원 이하의 1가구 1주택일 경우 소득세가 비과세입니다. 물론 수익률이 굉장히 높거나 훗날 매매차익을 기대할 만한 투자는 아니지만 나중에 거주도 하고 투자 목적으로도 구입하는 장점은 있습니다.

아파트는 앞서 말한 대로 수익률이 낮습니다. 그러나 월세를 줘도 보증금 비중이 일반 주택에 비해 높기 때문에 5억 원이면 소형 아파트 두 채도 살 수 있습니다. 관리 부담이 없고 상대적으로 안정적인 임대소득이 가능하므로 아파트도 고려해볼 만합니다.

투자금액별 추천 전략: 10억 원 미만~20억 원

진행자　　자, 10억 원 미만까지 가보겠습니다.

최준철　　저는 10억 원이 있어도 상가는 사지 않을 겁니다. 미래를 계속 예측하는 제 입장에서 보면 이제 집 인근에서 구매하는 형태는 점점 사라질 것입니다. 모바일로 주문해서 택배로 받겠지요. 우리 동네만 해도 상가 1층은 전부 공인중개사 사무실입니다. 그러니까 집을 사고파는 게 아니면 상가에 갈 일이 없어요. 대개는 주문해서 받기 때문에 저는 길게 보아 상가에 별로 관심이 없습니다. 10억 정도면 아까 5억으로 말한 부분을 2배로 증액할 겁니다. 결국은 선택의 문제지만 지금처럼 대형주가 많이 빠져 있는 시기에는 ELS나 DLS도 해볼 만합니다. 2억 원 정도로요.

이남수　　10억 원이 있어도 부동산은 하지 않는다고 했는데 머리 아프게 리스크를 짊어질 필요는 없습니다. 상가가 아니면 점포겸용주택이 있지 않습니까. 이런 것은 사실 리스크가 없죠. 밑에 1, 2층은 상가로 하고 본인이 그 위에 거주하거나 아니면 법인이 운영하는 프랜차이즈에 임차하는 방법이 있거든요. 잘 찾으면 연 6~7퍼센트의 수익률이 나오므로 그런 쪽으로 하는 게 좋습니다.

진행자　20억 원으로 가보겠습니다.

홍성국　자산이 10억 원을 넘으면 대부분 종합과세 대상자입니다. 이 경우 보통 금융회사 PB들이 고금리 상품을 제공합니다. 절반 정도는 PB와 상의하고 나머지 절반 중 30퍼센트는 지수형 상품에, 20퍼센트는 가치주 같은 종목 투자 쪽으로 하십시오. 가장 중요한 것은 좋은 PB를 만나는 겁니다.

김혜현　20억 원이면 대출을 감안해 30~40억 원의 부동산에 투자할 수 있습니다. 그런 경우 대부분 건물을 희망하죠. 근린상가 정도의 건물에 투자할 수 있습니다. 괜찮은 입지를 선택하면 임대소득도 상대적으로 높고 미래에 그걸 개발하거나 다시 활용할 방안이 있으므로 건물 투자를 추천합니다.

진행자　지역은요?

김혜현　부동산은 지역에 따라 가격이 천차만별입니다. 20억 원이면 대출을 고려해 30~40억 원이라고 해도 강남과 외곽의 건물 가격이 많이 다릅니다. 어느 지역이라고 말하기는 좀 어려울 것 같습니다.

진행자　지금까지의 얘기를 종합하면 부동산 쪽도 많이 연구 및 분석해야 하고, 가급적 전문가에게 상담을 받아 투자에 신중하게 임해야 할 것 같습니다.

반드시 알아야 할 질문과 답변

청중1   최준철 대표님, 다른 사람과 차별적인 핵심 생존 전략은 무엇인가요?

최준철   제가 처음 주식을 할 때는 우리나라에 싸고도 성장하는 종목이 굉장히 많아서 가치투자 전략만으로도 돈을 벌 수 있었습니다. 성공한 분들의 공통점을 보면 일단 공부를 많이 합니다. 개별 기업을 공부하는 거지요. 자료도 많이 보고 기업도 실제로 자주 방문합니다. 우리도 마찬가지입니다. 워런 버핏이 한 얘기 중에서 제가 가장 공감하는 건 "남들이 두려워할 때 욕심을 내고 남들이 욕심을 낼 때 두려워하라"는 겁니다. 사실은 그게 굉장히 어렵습니다. 한데 남들이 욕심낼 때 같이 욕심내고 두려워할 때 같이 두려워해서 돈 벌었다고 하면 조금 이상하지 않습니까? 그럼 다 돈을 벌었어야 하잖아요. 반대로 움직여야 합니다. 역발상을 통해 스스로 믿음을 키우는 것이 주식투자에서 가장 중요한 부분입니다. 공부와 역발상, 두 가지를 지키면 주식투자에서 승자의 편에 설 수 있습니다.

진행자   그러니까 저평가된 주식인데 악재가 쏟아지면서 남들이다 파는 와중에도 그런 종목을 사야 한다는 얘기군요. 정말 힘든 일이네요. 결국 공부로 극복하고 경험도 많이 쌓아야겠습니다. 최악의 순간에 주식을 샀는데 돈을 번 경험이 쌓이면 다음에도 더 자신감 있게 할 수 있겠지요. 첫 단추를 한번 끼워보는 게 굉장히 중요한 문제라고 생각합니다.

청중2 앞으로 시장이 붕괴될 가능성이 얼마나 됩니까?

홍성국 붕괴 전조가 보이면 통화 유통 속도가 떨어지고 물가가 오르지 않는 상태에서 정부가 일단 돈으로 막습니다. 그렇게 막으면서 부채를 하나하나 줄여갑니다. 빚을 많이 갚은 나라는 좀 안정적으로 변하고, 빚을 못 갚은 나라는 어려워지지요. 국가별로 차별화가 진행될 것입니다.

청중3 저출산이 아주 심각하잖아요. 40년 후의 부동산 시장을 어떻게 바라보는지 궁금합니다.

이남수 인구통계학상 한국이 일본과 다른 점은 한국의 경우 가구 수 분화가 많다는 겁니다. 예전에는 부모와 같이 살았는데 지금은 이혼, 미혼으로 1~2인 가구가 늘어나 일본처럼 폭락하리라고 예상하진 않습니다. 그래도 전반적으로는 일본처럼 되겠지요. 여러분이 은퇴하면 평수를 줄이잖아요. 대형 평형은 필요하지도 않고 관리도 어려우니까요. 일본에는 빈집이 많아요. 지금 일본 정부가 빈집 대책을 세우고 있습니다. 이러한 전례를 보면 수도권의 핵심 도심과 광역시의 핵심 지역을 빼고 한국도 빈집 문제가 생길 전망입니다.

이형일

하나은행 PB사업본부장. 삼성SDS 비상장주식에 투자하는 사모펀드를 결성해 135% 수익을 내는 등 2014년 금융가를 뜨겁게 달궜다. 〈아시아머니〉, 〈더뱅커〉 같은 글로벌 재테크 잡지에서 대한민국 최고의 PB로 여러 차례 선정되었다. 하나은행 마케팅기획부장, 대치동 · 압구정중앙 지점장 및 홍콩 법인 근무를 거쳤다.

5장

부자들의
재테크 비밀수첩

이형일, 하나은행 PB사업본부장

우리나라 부자들은 어떤 사람인가

제목처럼 부자들에게는 정말 재테크 비밀수첩이 있을까? 결론부터 말하자면 그들에겐 수첩이 있을 뿐 아니라 아주 꼼꼼하고 치열하게 기록한다. 그 아름다운 습관을 알아내 실천하면 우리도 부자가 될 수 있지 않을까. 그런 의미에서 우리나라 부자들의 모습, 부자들이 바라보는 2015년의 금융시장, 부자가 예측하는 2015년의 부동산 시장 그리고 부자들의 성공 투자 습관 등을 살펴보자.

부자란 어느 정도 자산을 가진 사람을 말하는 것일까? 영어식으로 부자를 표현하면 '큰 규모의 순자산을 보유한 사람(high net worth individuals)'을 의미한다. 이런 고객을 'HNWI'라고 부르는데, 흔히 순 금융 자산이 10억 이상인 사람을 말한다. 우리나라에서 그만한 부를 축적한 사람은 약 17만 명이다. 우리나라 인구는 유년층을 제외하면 4천만 명 정도인데, 그중 20만 명이라면 전체 국민의 약 0.254퍼센트로 굉장히 적은 수치다. 그들이 갖고 있는 자산이 477조이며 이는 전체 가계 자산 중 18퍼센트에 해당한다.

그런데 흥미로운 것은 부자들에게 "당신은 부자입니까?"라고 묻자 전체 고객의 78퍼센트만 그렇다고 응답했다는 점이다. 금융 자산이 10억이 넘는데도 말이다. 중산층에게 물으면 그들은 대체로 50퍼센트가 자신이 중산층이라고 대답한다.

만약 정기예금으로 10억을 은행에 맡기면 1년에 이자를 얼마나 받을까? 연 금리를 2퍼센트로 가정하면 2,000만 원이다. 2,000만 원을 12로 나누면 한 달에 170만 원에 불과하다. 그러니 부자가 자신을 부자로 느끼지 않는 것도 어찌 보면 당연하다.

부자는 자신이 최소 100억 정도는 갖고 있어야 부자라고 생각한다. 그런데 하나은행의 전체 고객 중 순자산이 1억 이상인 고객은 1.3퍼센트에 불과하다. 그 1.3퍼센트의 고객이 갖고 있는 자산이 은행 전체 자산의 64퍼센트를 차지한다.

금융 자산이 5억 이상인 사람은 얼마나 될까? 전체의 0.2퍼센트밖에 안 된다. 우리나라뿐 아니라 다른 나라도 경제가 성장할수록 부 (富)가 일부에게 집중하는 현상을 보인다. 하나은행의 전체 고객 중에서 50대 이상은 30퍼센트고, 순자산 1억 이상인 고객 중에서는 50대 이상이 전체의 70퍼센트다.

부자 고객들의 라이프스타일을 보면 한 달 지출액이 평균 1천만 원이다. 그들은 무엇보다 가족과 함께 지내는 시간이 많고 가족과 건강을 가장 중요시한다. 물론 기부도 많이 한다.

부자들의 매달 지출액 1천만 원은 많은 액수가 아니다. 우리나라 가계의 평균 지출액은 328만 원이지만 이런저런 쓰임새를 모두 합하면 500~600만 원이다. 부자들은 일반인의 2배를 쓰는 셈이다.

재미있는 사실은 60대의 지출이 가장 많다는 것이다. 왜 그럴까? 그 이유는 번 돈을 나를 위해 쓰고자 하는 부분도 있지만 무엇보다 서비스비, 치료비, 의료비의 지출이 크기 때문이다. 가족이나 건강을 위해 쓰는 돈이 많다는 의미다.

우리나라 부자들의 연령대와 사는 지역

부자 고객일수록 나이가 많은 이유는 무엇일까?

우리 국민의 라이프스타일을 볼 때 40대는 돈이 고이지 않는다. 소득이 있어도 양육비와 주택구입비 때문에 돈이 줄줄 빠져나간다. 하지만 50대부터는 아이들도 어느 정도 성장하고 은퇴 준비도 하면서 금융 자산이 쌓이기 시작한다. 실제로 50대 초반과 후반의 평균 자산을 비교하면 굉장히 차이가 크다. 그렇게 쌓인 자산은 60대와 70대를 지지해준다.

마음 아픈 현실은 전체 인구의 20퍼센트 정도를 차지하는 40대는 갖고 있는 자산이 하나은행 전체 자산 규모의 9~10퍼센트라는 점이다. 40대가 가장 일을 많이 하는데 그들은 거의 빈손이다. 심하게 말하면 '개털' 수준이다. 일을 열심히 하면서도 자신을 위해 돈을 쌓지 못하고 다른 사람을 위해 돈을 쓴다는 얘기다.

지역적으로 살펴보면 하나은행 고객 기준으로 자산을 5억 이상 갖고 있는 고객의 80퍼센트가 서울을 포함한 경기도에 산다. 그중에서 60퍼센트가 서울에 있다. 그러면 서울에 사는 사람들은 죄다 부자일까? 그렇지 않다. 서울에서도 영등포, 용산구, 강남구가 차지하는 부가 국내 전체 부의 36퍼센트다. 우리나라 부자들은 한곳에 모여 사는 걸 좋아하는지 강남구가 전체 부의 14퍼센트를 차지한다. 서초구 15퍼센트, 송파구 6퍼센트, 용산구 4퍼센트 그리고 영등포구는 2퍼센트다. 곰곰이 따져보면 용산에는 이촌동과 한남동이 있고 영등포에는 여의도가 있다.

부를 일군 수단

부자들에게 물었다.

"소득을 가장 많이 올리게 해준 수단은 무엇입니까?"

과연 어떤 결과가 나왔을까?

1위는 부동산이다. 우리나라 경제가 계속 발전하면서 땅 가격이 치솟았고 전반적으로 부동산 가치가 꾸준히 올랐다. 더러 사업을 해서 돈을 벌었다는 사람도 있지만 자세히 따져보면 부동산으로 번 돈이 더 많다. 예를 들면 구로구에 공장을 차렸더니 땅값이 오르고 안양에 사무실로 쓸 건물을 구입하자 또 가격이 오르는 식이다.

2위는 ELS다. 조금만 관심을 기울이면 'EL'이 들어간 상품이 굉장히 많다는 것을 알 수 있다. 특히 ELS, ELF, ELT 등이 인기가 많은 상품이다. 실제로 부자들이 ELS로 부자가 된 것은 아니지만 2014년에 뜨거운 관심을 받은 게 사실이다.

3위는 주식형 펀드다. 주식형 펀드는 내가 보기에도 좀 의아하다. 2014년은 물론 최근 3~4년간 실적이 썩 좋지 않았기 때문이다. 그나마 중국 본토의 주식에 투자하는 펀드가 좀 올랐다. 그럼에도 주식형 펀드가 3위에 오른 이유는 가치주가 상승한 덕분인 것 같다.

4위는 개별 주식이다. 요즘에는 사람들이 주식투자를 별로 하지 않아 증권사가 상당히 어려운 상황이다. 사실 주식을 해서 돈을 벌었다는 사람은 많지 않다.

그다음은 뭘까? 예금? 지금 예금을 해서 돈을 벌고 있다고, 아니 은행 이자로 먹고산다고 말하면 아마 모두들 다시 쳐다볼 것이다. 둘 중 하나이니 말이다. 어마어마한 금융 자산가이거나 머리가 어떻게 된 사람.

부자들은 과연 포트폴리오를 어떻게 구성할까? 알고 있다시피 부동산이 가장 많다. 그다음으로 수시로 입출금을 하는 요구불 예금과 MMF, MMT 등을 포함한 예금이 21퍼센트를 차지한다. 이어 펀드와 주식이 각각 18퍼센트, 보험이 9퍼센트다.

부자가 되기 위한 올바른 투자 방식

그러면 부자들이 생각하는 2015년의 금융 트렌드를 살펴보자. 우리나라 부자들의 자산 중 50퍼센트는 부동산이고 나머지 50퍼센트는 금융이다. 과연 이것이 올바른 투자 방식일까? 이 질문에 대한 답을 구하려면 다른 나라와 우리나라를 비교해보는 수밖에 없다.

먼저 한국과 미국을 비교해보자.

한국은 예금 비중이 굉장히 높지만 미국은 15퍼센트밖에 되지 않는다. 대신 미국은 투자 자산이 54퍼센트에 이른다. 그럼 일본은? 일본은 예금이 55퍼센트에 이르고 투자 자산은 12.9퍼센트에 불과하다. 일본은 예금의 비율이 우리나라보다 높고 투자 자산의 비율은 훨씬 낮은 것이다. 지금과 같은 저금리 시대에 과연 우리나라 사람들이 더 많이 벌까, 미국 사람들이 더 벌까? 당연히 미국 사람들이다. 저금리 시대에는 이자가 2퍼센트밖에 되지 않아 예금으로는 충분한 소득을 올리기가 어렵다. 만약 여러분이 현재 50세인데 정기예금만 하고 있다면 80세에 필요한 자산을 마련할 수 없다.

지금은 우리도 '미국스럽게' 해야 한다. 즉, 다소 위험 부담이 있더라도 정기예금을 줄이고 투자 자산을 늘려야 한다. 다음은 고객의 금융자산을 포트폴리오로 분석한 것이다.

금융자산이 1억 정도인 고객은 전체 자산에서 예금이 차지하는 비중이 절반 정도다. 그런데 금융자산 10억이 넘는 고객은 예금이 차지하는 비중이 30퍼센트밖에 되지 않는다. 여기에는 약간의 함정이 있다. 금융 자산 10억 이상을 보유한 사람들 중에는 사업자가 많은

자산 규모에 따른 자산 배분

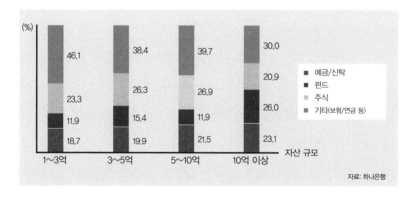

자료: 하나은행

데 그들은 회사의 주식을 많이 소유하고 있다. 즉, 회사의 주식을 많이 소유하는 바람에 주식 비중이 높게 나온 것이지 실제로 주식투자를 많이 하는 것은 아니다.

펀드와 주식을 포함한 투자 자산이 1~3억인 고객은 약 35퍼센트다. 10억 이상인 고객은 47퍼센트에 이른다. 1억 이상 고객과 10억 이상 고객 중 누가 더 많은 수익을 낼까? 10억 이상 고객이다. 즉, 규모가 있는 사람들이 금융 소득을 더 많이 올린다.

흥미로운 것은 지금이 아니라 나중에 찾아 쓰는 보험과 연금이다. 미래를 위한 그 돈에 투자한 사람이 1억 이상은 18퍼센트, 10억 이상은 23퍼센트다. 한마디로 돈이 더 많은 사람이 미래를 더 많이 준비하고 있다. 이것이 현실이라면 우리는 미래를 준비할 때 그 기준을 금융 자산 1억 원 수준에 맞추면 안 된다.

부자들이 바라보는 2015년 금융 시장

하나은행에서 부자 고객을 대상으로 2015년의 경제 전망을 물어본 결과, 고객의 70퍼센트가 2014년과 비슷할 거라고 했고 나머지 30퍼센트는 2014년보다 나빠진다고 대답했다. 그런데 각종 경제연구소에서 나온 자료를 보면 2015년은 2014년보다 좋아질 거라고 한다. 연구소들은 좋아진다고 하는데 왜 고객들은 나빠진다고 하는 걸까?

우선 '연구하는 사람'과 실제 경기를 '체감하는 사람'이라는 차이가 있다. 또한 부자들은 경제를 약간 비관적으로 보는 경향이 있다. 아니, 비관적이라기보다 아주 조심스럽다. 그들은 '내년에는 좋아질 테니 크게 한몫 잡아보자'라는 생각을 하기보다 '내년의 나쁜 투자처'가 무엇인지 고민한다. 초점 자체가 좋은 것보다 리스크를 줄이는 것에 맞춰져 있다 보니 그들은 보수적인 성향으로 흐른다.

가령 부자들이 전망하는 2015년의 주가는 상당히 합리적이다. 그들은 대체로 1,900~2,000을 말하고 2,100을 넘어 2,200까지 간다는 사람은 10퍼센트에 불과하다. 그러면 증권사의 전망은 어떨까? 1,800~2,300이다.

우리나라 주가가 2,000을 중심으로 3년 정도 박스권(주가가 일정한 가격 내에서만 오르고 내리기를 반복하는 현상)을 유지하다 보니 고객들은 2015년이 별로 좋을 거라고 기대하지 않는다. 한데 지금 우리나라 경제를 보면 크게 좋아질 일도 없지만 크게 망가질 것도 없다. 2015년에도 2014년처럼 박스권을 유지할 거라고 보는 사람이 많은 이유가 여기에 있다. 2014년 12월 초의 예상치만 보면 하나은행의 부자 고객은 2015년에 주식에 많이 투자할 것 같지 않다.

그래도 만약 주식투자를 한다면 어디에 하겠느냐고 물었더니 주가지수의 움직임을 따라가는 인덱스 펀드에는 하지 않을 거라고 했다. 주가가 별로 오르지 않을 것 같으니 말이다. 대신 그들은 가치주와 배당주에 투자하겠다고 했다. 사실 지금 우리나라에서는 배당을 많이 하라는 말이 나오고 있다. 우리나라의 주가가 오르지 않는 이유 중 하나는 단지 보유하는 것만으로는 내게 별로 소득이 되지 않기 때문이다. 배당을 많이 해주면 내 수익이 오르므로 배당주는 유리한 측면이 많다. 내가 보기엔 주식보다 주식형 펀드가, 그중에서도 가치주나 배당주 펀드가 그나마 국내 주식투자에서 유망하다.

2015년 유망한 해외 주식투자

부자들에게 인기 있는 해외 주식은 무엇일까? 가장 많이 선택한 나라가 미국이고 그다음이 중국이다. 실제로 요즘 가장 뜨는 나라는 미국이다. 미국은 앞으로 금리를 올릴 가능성이 있는데 이는 미국 경제가 잘나가고 있음을 의미한다.

미국은 셰일가스 덕분에 에너지 가격이 전반적으로 떨어지고 있고 노동조합이 없는 관계로 임금상승률이 미미한 수준이다. 그러다 보니 인건비 부담이 줄어들어 중국이나 신흥국으로 나갔던 미국 기업이 다시 본국으로 돌아가고 있다. 그런 측면에서 미국 투자는 괜찮은 선택이라 할 수 있다.

중국 역시 최근에 주가가 많이 오르고 있다. 여기에다 '후강통'이라고 해서 중국에 있는 주식을 홍콩에서 교체 매매할 수 있는 제도가 생겨 홍콩 자금이 상해로 많이 유입되고 있다. 2014년 말 현재 상해 증시 주가지수는 2014년 초 대비 50퍼센트나 올랐다. 그것도 하반기에만 그 정도로 뛰어올랐다.

중국의 경제성장률은 2015년 7퍼센트를 예상하는데 이는 2014년 하반기에 예상한 7.3퍼센트에서 약간 줄어든 것이다. 중국은 지금 빠른 성장보다 지속적인 성장으로 가기 위해 구조를 바꿔 나가는 중이다. 이에 따라 투자 여력은 별로 없지만 소비 부문은 괜찮을 듯하다. 그동안 억눌렸던 소비가 소득이 올라가면서 사정이 나아지고 있기 때문이다.

특히 중국은 요즘 부패와 전쟁을 벌이고 있는데 덕분에 은행권에 잡히지 않는 대출, 즉 그림자 금융이 줄어들면 그 자금이 중국의 증시 부양에 좋은 역할을 할 수 있다. 그 돈이 주식시장으로 흘러들어 갈 확률이 높은 까닭이다.

2015년 금리 예상과 원자재 투자

기준금리를 보면 2013년 초 1년 정기예금 금리가 3퍼센트 초반이었는데 지금은 1퍼센트대로 떨어졌다. 그렇다면 2015년의 기준금리 전망은 어떨까? 고객 중 25퍼센트가 1.75~2퍼센트를, 33퍼센트가

2~2.25퍼센트를 예상했다. 굉장히 합리적인 기대가 아닌가. 우리나라는 현재 기준금리를 인하해야 한다는 목소리가 크기 때문에 2015년 상반기에 떨어질 가능성도 있다. 상반기에 1.75퍼센트 정도로 떨어졌다가 하반기에 경제가 살아날 경우 2퍼센트 전후로 오르지 않을까 싶다.

그럼 2015년에 원자재 등 실물 자산에 투자하는 것은 어떨까? 부자들은 절반 이상이 금에 투자하겠다고 응답했다. 금값은 2012년 1,800달러까지 오르면서 고점을 쳤고 지금은 1,200달러로 내려왔다. 흥미롭게도 우리나라에서는 금값이 많이 떨어지지 않았다. 달러가 강해 앞으로 별로 오를 것 같지도 않은데 말이다. 그 이유는 부자들이 금을 포트폴리오에 꼭 넣어야 할 감초로 보기 때문이다. 그들은 가격이 오르지 않을지라도 금을 보유한다.

원유 가격은 알고 있다시피 계속 내려가고 있다. 결국 지금은 원자재에 투자하기에 적기가 아니다. 전체적으로 세계 경기가 좋지 않아 원자재 수요가 적고, 특히 중국 경제의 상승세가 완만해지면서 원자재 수요가 떨어지고 있다.

재미있는 것은 17퍼센트의 부자가 예술품에 투자하겠다고 말했다는 점이다. 그러나 말만 그럴 뿐 사실은 그리 많이 구매하지 않는다. 우리나라의 미술품은 오히려 해외에서 더 인기가 많다.

부자들의 2014년 자산 증식 점검과 2015년 투자 계획

한편 2014년에 부자들은 과연 얼마의 수익을 올렸을까?

49퍼센트가 0~5퍼센트의 수익을 냈는데 이들은 대부분 예금을 한 사람들이다. 36퍼센트의 고객은 5~10퍼센트의 수익을 올렸고 이들은 위험을 약간 감수하고 투자 상품을 늘렸다고 봐야 한다. 수익률이 10퍼센트를 넘는 부자는 2퍼센트에 불과하다. 물론 아예 수익을 내지 못한 사람도 있다.

부자들은 2015년에 어느 정도의 수익률을 기대할까? 기대 수익률 0~5퍼센트가 50퍼센트, 5~10퍼센트가 42퍼센트로 평균 5~6퍼센트의 수익률을 기대한다. 3, 4년 전에 이런 조사를 하면 부자들의 기대 수익률은 10퍼센트 전후였지만 요즘에는 아예 그런 기대를 하지 않는다. 우리나라가 저성장 기조를 유지하는 바람에 이제 커다란 모멘텀이 없는 한 큰 수익을 내기가 쉽지 않은 까닭이다. 더 큰 수익을 내기 위해 위험을 감수하는 투자를 꺼리다 보니 기대 수익률이 내려가는 것일 수도 있다.

2015년 부자들은 수익을 올리기 위해 ELS와 주식형 펀드, 예금에 투자하겠다는 비율이 높았다. 부동산에 투자하겠다는 사람은 겨우 8퍼센트에 불과했다. 2008년에 조사할 때만 해도 부동산 보유 비율이 51퍼센트였지만 그것이 점점 떨어져 2013년에는 44퍼센트로 내려왔다. 그래도 부동산에 투자한다면 상가와 오피스

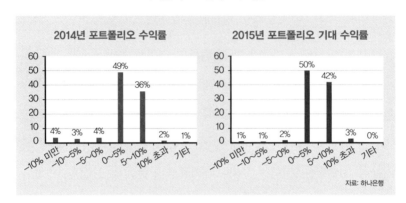

부자들의 포트폴리오 수익률

2014년 포트폴리오 수익률 / 2015년 포트폴리오 기대 수익률

자료: 하나은행

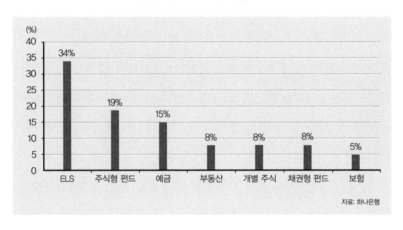

부자들의 2015년 관심 금융 자산

자료: 하나은행

텔이 유망하다. 상가와 오피스텔을 합쳐서 수익형 부동산이라 부르기도 하는데, 이는 월세가 나와서 현금흐름이 좋기 때문이다.

부자들이 바라보는 2015년 부동산 시장

요즘 부자들이 부동산에 투자하면서 바라는 것은 대박이 아니라 본인에게 필요한 자금이나 생활비를 위한 일정한 수입이다. 특히 고령화 심화로 소득을 대체할 수 있는 수익형 부동산이 인기가 많다. 아파트를 선택하는 사람은 아파트 자체를 선호해서라기보다 정부 정책에 따라 값이 오를 수도 있어서다. 물론 정책 방향이 값을 내리는 쪽이면 수요는 얼마든지 바뀔 여지가 있다.

상가 투자는 굉장히 조심해야 한다. 특히 요즘에는 경제 규모가 많이 확대되지 않아 좋은 상가를 찾기가 힘드므로 상권을 잘 골라야 한다. 실은 부동산 투자에서 5퍼센트 수익을 올리는 것조차 쉽지 않다. 상가도 마찬가지다. 이런 상황에서 비싼 분양가로 투자할 경우 5퍼센트 수익은커녕 실컷 고생만 할 수도 있다.

흥미로운 것은 중국 관광객이 증가하면서 유망한 지역이 늘고 있다는 점이다. 대표적으로 명동과 합정동이 있다. 상가 투자는 무엇보다 전략과 트렌드에 민감해야 한다. 12년 전 나는 한 고객과 함께 강남 일대를 돌아다니며 건물을 살펴본 적이 있다. 내가 세금, 임대료, 건물 수익률 등의 견적을 뽑고 있는데 그는 불쑥 고객의 흐름을 봐야 한다며 신사동이나 압구정과 달리 가로수길만 발달이 더디다고 말했다. 당시 그곳은 차도 별로 다니지 않았고 사람들의 왕래도 많지 않았다. 그래서 더욱더 거기에 투자해야 한다며 그는 건물을 샀다. 모르긴 몰라도 돈을 꽤 많이 벌었을 것이다.

오피스텔은 괜찮은 곳이 많긴 하지만 여러모로 주의해야 한다. 무엇보다 오피스텔은 아파트와 달리 이제 막 개발하는 지역이 아닌 개발이 잘된 지역에 들어가는 것을 골라야 한다. 오피스텔은 대개 상권이 어느 정도 형성된 다음 들어가기 때문에 아무래도 땅값이 비싼 편이다.

오피스텔은 상권이 살면 같이 크고 상권이 죽으면 같이 죽는다. 그러므로 오피스텔을 살 때는 지금 좋은 것보다 5년이나 10년 후를 내다봐야 한다. 특히 오피스텔은 지금 가격보다 떨어질 가능성이 크므로 오래된 것을 살 때는 더욱더 조심해야 한다.

최근 아파트 가격 전망을 얘기할 때 사람들은 대체로 오를 거라고 하는데 이는 위례 신도시 때문이다. 그렇다면 부자들은 2015년에 어느 지역 부동산에 가장 많이 투자할까? 단도직입적으로 물어본 결과 역시 위례 신도시라는 대답이 가장 많았다. 덩달아 위례 상가도 인기가 많다. 그 이유 중 하나는 판교에서 대형 상가가 큰 인기를 끌면서 인근의 중소형 상가도 가격이 오른 사례가 있어서다. 실제로 위례도 그런 방식으로 개발을 추진하고 있다. 상가는 어떤 시기에 어느 지역을 사느냐가 중요하므로 감으로 투자하지 말고 주변 전문가들과 많이 상담해야 한다.

두 번째로 인기 있는 곳이 마포 합정역 일대다. 이 지역이 얼마나 뜨거운지 2, 3년 전에 홍대 주변을 가본 사람이 지금 가면 완전히 달라졌음을 실감할 것이다. 주로 20대 초중반이 몰려드는 홍대 상권은 점점 합정 쪽으로 퍼져가고 있고 주변의 게스트 하우스도 인기가 높다.

그다음은 인천과 제주도다. 인천은 아파트를 지을 만한 곳은 다 지었고 송도도 기반 시설이 잘되어 있어서 꽤 뜨겁다. 조사 결과에는 수원의 정자동과 평택에 투자하겠다는 사람도 많았다.

투자는 자기가 아는 만큼 하는 법이다. 특히 토지는 규모가 있어야 투자하기가 수월한데 변동 폭이 굉장히 크고 개발의 방향을 예측하기 어려우므로 많이 공부해야 한다. 열심히 발품을 팔라는 얘기다. 어디에 놀러갈 때는 놀지만 말고 꼭 주변을 둘러보라. 가령 홍대 근처에 가면 클럽에서 춤만 추지 말고 주변의 부동산도 봐야 한다. 제주도에 가서는 수영만 하는 게 아니라 주변 땅을 봐야 한다. 그러면 좋은 기회를 찾을 수 있다.

해외 부동산 역시 부자들이 눈독을 들이는 투자처다. 여러 나라 중에서도 부자들이 가장 많이 선택하는 나라는 미국이다. 최근 미국에 가장 많이 투자하는 사람들은 중국인이다. 그것도 아파트 한 채, 두 채 정도가 아니라 아예 수십 세대가 입주한 한 동을 몽땅 구매한다. 중국인이 미국의 부동산 시장에서 큰손 역할을 하고 있는 것이다. 그렇다고 그들이 그곳에서 살기 위해 부동산을 사들이는 것은 아니다. 거의 다 투자 목적이다.

설령 실수요자라 할지라도, 그 동네에 사는 것이 아무리 편할지라도 오를 것 같지 않으면 사지 않아야 한다. 그냥 전세로 살거나 심지어 고시텔에 묵더라도 값이 오를 기미가 없는 부동산에 투자하는 것은 바보짓이다. 부동산을 매입할 때는 앞으로 오를 부동산을 사는 것이 정답이다.

부자 되는 다섯 가지 습관

부자가 되려면 어떤 습관이 있어야 할까? 이 질문을 받은 부자들이 가장 많이 한 답변은 '장기적인 투자 습관'이다. 그들은 꾸준히, 오래 투자해야 돈을 번다고 말한다. 실제로 큰돈을 벌지 못하는 이유는 대개 엉덩이가 가볍기 때문이다. 투자한 뒤 진득하게 기다리지 못하고, 오르지 않으면 냉큼 빼버리는 일이 다반사다. 이것이 돈을 못 버는 가장 큰 이유다.

또한 돈을 벌려면 돈이 새어 나가는 소비 습관을 버려야 한다. 부자들은 꼭 필요한 경우에만 돈을 쓰고 여기저기 돈이 새어 나가는 것을 피하기 위해 노력한다.

자산 포트폴리오를 구성할 때 나눠서 투자하는 것도 부자가 되는 습관이다. 물론 돈이 적으면 포트폴리오에 나눠서 투자하기 어렵지만 10억은 1~3개로, 50억은 10개로 쪼갤 수 있다. 금액이 커질수록 포트폴리오를 다변화할 수 있는데 이 경우 포트폴리오가 훨씬 더 안정적이고 돈도 많이 번다.

부자가 되는 습관은 크게 다섯 가지로 나눌 수 있다.

첫째, 절약이다.

어떤 사람이 미국의 어느 유명한 부자에게 부자가 되는 지름길을 물었더니 첫째도 절약, 둘째도 절약이라고 했다. 물어본 사람이 재미가 없어서 그냥 일어서려 하자 부자가 셋째는 왜 물어보지 않느냐고 물었다. 그래서 질문을 하자 부자는 '말로만 절약하지 말고 정말로 절약하라'고 했단다. 맞는 말이다. 작은 돈을 꼼꼼히 챙기는 사람이 큰돈도 잘 번다. 부자들이 금리 1~2퍼센트에 민감한 데는 다 이유가 있다.

둘째, 남의 머리를 잘 활용한다.

관련 분야의 전문가를 만나되 내 스타일에 맞는 사람을 찾아야 한다. 내가 공격적인 성향이라면 그것을 받아줄 만한 전문가가 필요하다. 부동산 위주로 투자할 경우에는 부동산을 잘 아는 투자 전문가를 만나야 한다. 중요한 것은 상대방을 믿어야 한다는 점이다. 믿지 않으면 상대가 아무리 좋은 말을 해줘도 그저 사기꾼의 말처럼 들릴 뿐이다. 나아가 전문가들의 마음을 사기 위해 노력해야 한다. 심지어 부자들은 부동산 중개업자와도 굉장히 사이가 좋다. 잘 지낼수록 더 좋은 정보를 얻을 수 있기 때문이다.

셋째, 발품을 판다.

열심히 움직이지 않고 가만히 앉아 있으면 답이 나오지 않는다. 현장에 가야 좋은 투자처를 찾을 수 있는 법이다. 무엇보다 남의 얘기

를 흘려듣지 말고 다양한 사람들의 의견을 들은 뒤 결정을 내려야
한다.

넷째, 장기투자를 한다.

장기투자란 오를 만한 가치가 있는 것을 산 다음 내가 원하는 목
표수익률에 이를 때까지 기다리는 것을 말한다. 투자해서 수익을 올
린 뒤 바로 빠지는 단기투자에서는 유동성이 중요하지만, 장기투자
는 수익률을 봐야 한다. 따라서 일단 투자처를 잘 고르고 묻어
둘 돈으로 투자하는 것이 좋다. 더 중요한 것은 리스크 관리다. 포
트폴리오는 여러 개로 쪼개야 하는데, 이때 기간뿐 아니라 투자처도
쪼갠다. 가령 정기예금에 넣더라도 1억을 한 번에 맡기기보다
1월, 3월, 4월로 나눠서 하는 것이 좋다. 금리가 수시로 바뀌므로
그런 위험에 대비하는 것이다. 만기는 물론이고 모든 면에서 쪼개놔
야 안전하다.

다섯째, 코어(core)와 새틀라이트(satellite) 전략을 쓴다.

코어는 내 인생을 관리해줄 핵심적인 돈, 안정적이어야 하는
돈을 장기적으로 투자하는 것이다. 새틀라이트는 잃어도 되는
돈으로 조금씩 고위험 투자를 하는 방식이다. 전문가와 상의해 코
어와 새틀라이트 방식으로 돈을 투자할 경우 좀 더 안전하게 관리할
수 있다.

부동산 03

함영진

부동산114 리서치센터장. 서울과학기술대학교 최고위건축개발과정을 수료하고 한국은행 경기본부 금융소비자 자문단 위원을 지냈다. 날카로운 부동산 전망으로 각종 정부기관과 언론에 단골손님으로 등장하는 연사다. 유망 지역 부동산 시장을 선별하고 정부 정책을 날 카롭게 분석하여 속시원한 부동산 투자 해법을 제시한다.

2015년 10대
유망 분양 시장

함영진, 부동산114 리서치센터장

유수익 무위험 상품, 분양 시장에 주목하라

저금리와 저성장의 여파로 은퇴를 앞두고 있는 베이비부머 세대의 고민이 커지고 있다. 자녀 양육과 교육에 돈이 많이 드는 동시에 노부모를 봉양해야 하는 샌드위치 입장이다 보니 노후 자금을 제대로 만들어두지 못했기 때문이다. 그나마 베이비부머 세대가 갖고 있는 자산은 대부분 부동산이다. 그래서 그런지 부동산 시장의 전망에 대한 관심이 그 어느 투자처보다 높다.

2015년 부동산 시장의 하이라이트는 분양 시장이다. 흔히 분양 시장을 두고 유수익 무위험 상품이라고 말한다. 그러면 2015년 분양 시장이 어떻게 변하는지 살펴보고 지역별 장단점과 함께 수요자들이 관심을 기울여볼 만한 물량에는 어떤 것이 있는지 알아보자.

먼저 2014년 부동산 시장의 흐름을 살펴볼 필요가 있다. 2014년 부동산 시장은 수도권 위주로 다이내믹하게 회복되는 양상을 보였다. 물론 여기에는 정부의 강력한 부동산 부양 의지가 한몫을 했다. 각종 주택담보대출 관련 규제를 완화한 7.24 대책과 9.1 대책 그리고 10.30 전월세 시장 안정화 대책까지 쏟아져 나오면서 수도권 주택 시장에서 긍정적인 모습이 나타났다. 부산과 대구 등 지방에서 기존의 주택 시장은 다소 위축되었지만 신규 분양 시장은 달랐다. 부산 지역 청약자의 3분의 1 정도가 청약통장을 사용할 만큼 활황세를 보인 것이다.

부동산, 2015년에는 어떨까?

그렇다면 2015년의 부동산 시장은 어떤 흐름을 보일까? 일단 수요자의 상황이나 자산, 거주하는 지역, 보유 중인 부동산 상품에 따라 차별적인 모습을 보일 전망이다.

2014년의 7.24 대책에서 정부는 주택담보대출비율(LTV)과 총부
채상환비율(DTI) 규제를 완화했다. 여기에다 시장에 유동성을 공급
하기 위해 기준금리를 두 차례나 인하했다. 그러자 저리 대출금이
일정 부분 부동산 시장으로 유입되었고 수도권 주택 시장을 포함해

2014년 부동산 관련 주요 대책 내용

대책명	구분	내용	효과
7.24 경제 정책 방향	LTV, DTI 대출 규제 완화	LTV(70%), DTI(60%) 일괄 상향 조정	6억 초과 아파트 많은 강남, 서초, 송파 등 강남권 수혜
8.14 금통위 본회의	기준금리 0.25%p 인하	15년 5월 이후 15개월만에 조정(2.5% → 2.25%)	심리효과 개선 등
9.1 부동산 대책 3.03% 2.45%	재건축 연한 규제 완화	재건축 연한 최장 40→30년으로 완화	'87~'91년 준공된 양천구, 노원구 등 아파트 수혜
	수도권 청약 1~2순위 통합 및 기간 단축	1~2순위 청약 자격을 1순위로 통합, 2년→1년으로 기간 단축	15년 2월 수도권 청약가입자 10명 중 7명 1순위 등록, 청약경쟁률 상승
	민영주택 85㎡ 이하 가점제 지자체 자율운영 전환	민영주택 85㎡ 이하 민영주택 40% 이내에서 자율 운영	
	수도권 그린벨트 해제 공공택지 내 전매제한 기간 완화	전매제한(2~8년→1~6년), 거주의무(1~5년→0~3년) 완화	세곡 · 내곡 등 보금자리지구 수혜
	택지개발촉진법 폐지	택지개발촉진법 폐지, '17년까지(3년간) LH의 공공택지 지정 중단	장기적으로 공공택지 희소성 부각, 주택 수요 외곽→도심 회귀
10.30 전 월세 대책	단기 임대주택 공급확대 및 준공공임대주택 활성화	매입, 전세 잔여물량 1.4만 호 '14년내 조기공급, 다세대 · 연립주택 등 모듈러 공급확대, 준공공임대주택 임대의무기간 단축(10→8년) 및 LH 매입확약, 취준생 월세대출 등	전세가격 안정보다는 서민 위주의 월세 부담 경감에 정책 집중, 근본적 임대주택 공급 확대엔 한계

지방의 주택 시장 움직임이 비교적 활발해졌다.

9.1 부동산 대책의 경우 재건축 허용 연한이나 안전 진단 기준 등을 완화하면서 강남권을 비롯해 양천구 목동, 노원구 등 10층 이상의 중층 재건축 단지들이 슬금슬금 움직이기 시작했다. 특히 강남 3구 재건축은 신규 청약 시장에서 높은 경쟁률을 보였고 이후 상당한 웃돈까지 붙어서 거래가 이뤄졌다. 위례 신도시의 경우에도 청약 광풍이 불었고 일단 당첨되면 프리미엄이 작게는 3,000만 원에서 많게는 2~3억까지 붙었다.

이처럼 2014년 정부는 일련의 정책을 내놓으면서 부동산 시장에 활력을 불어넣는 데 집중했다. 그동안 정부가 대책을 발표할 때는 언제나 주택 시장 정상화나 안정화 등과 관련된 것이 많았다. 하지만 2014년에는 정부가 노골적으로 부동산 시장을 부양해 활력을 불어넣겠다는 멘트까지 넣어 대책을 발표하기도 했다.

덕분에 강남권 재건축과 목동 아파트는 2014년 9~10월에 단기적으로나마 가격이 급상승했다. 그러자 소유자의 기대 심리가 높아지면서 급매물이 사라졌고 이 지역에 입성하려던 수요자들은 시장의 움직임에 깊은 관심을 보였다.

신규 분양 시장은 향후 예정된 청약제도 간소화에 따라 수요자가 늘어나면서 청약경쟁률이 2013년에 비해 상당히 높아졌다. 정책적 효과로 청약통장을 사용하려는 실수요자가 분양 시장에 적극 뛰어든 것이다. 또한 전세가가 집값의 70퍼센트에 육박하다 보니 전세금에 약간의 은행 대출을 보태 내 집을 마련하려는 수요자가 늘면서 자가 이전 수요가 늘어났다. 일부 실수요 중소형 아파트와 역세권에 관심이 쏠린 이유도 여기에 있다.

앞으로 부동산 대세 상승은 없다

2014년 정부의 부동산 정책에 따른 반응이 모든 지역에서 동일하게 나타난 것은 아니다. 정부 정책의 영향이 나타난 곳은 분양 시장과 일부 재건축, 강남권 정도에 불과하다. 설상가상으로 정부 대책 효과가 단기간에 몰리면서 약발이 떨어지는 현상도 나타났다. 예를 들면 박근혜 정부 취임 당시는 물론 4.1 대책 이후에도 대책의 효과가 6개월을 넘기지 못했다. 이것은 8.28 대책도 마찬가지다. 특히 2014년 2.6 임대소득 과세 방침은 그 목적이 월세 시대에 대비한 토대를 마련하는 데 있었지만 오히려 주택 시장이 크게 위축되는 결과를 낳았다.

2014년 정부는 9.1, 10.24, 10.30 대책을 내놓으면서 시장을 부양하기 위한 노력을 아끼지 않았다. 하지만 2014년 가을 이후 시장에서 급매물이 사라졌고 단기 급등한 가격에 놀란 수요자 역시 숨을 고르면서 정책의 효과는 길게 이어지지 못했다. 이처럼 정부 대책의 효과는 금세 끝났고 일정 정도 효과가 있더라도 그것이 강남3구에만 집중되는 시장 쏠림 현상이 두드러졌다.

왜 그런 것일까?

일단 과거에 비해 주택보급률이 상당히 높아졌다. 수도권의 경우 이미 도시화율이 90퍼센트 이상 이뤄졌다. 결과적으로 한 해 동안 자연적인 멸실 주택이 발생해도 실수요자들이 원하는 주택 수요량이 과거보다 못하다. 다시 말해 10년이나 20년의 장기 주택 계

물가상승률과 연간 아파트 매매가격 추이

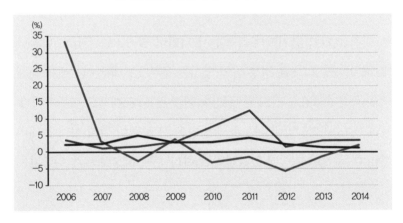

(단위: 퍼센트)

	2006년	2007년	2008년	2009년	2010년	2011년	2012년	2013년	2014년
수도권	32.86	2.83	-2.81	3.53	-3.03	-1.65	-5.77	-1.57	1.89
지방	3.26	1.16	1.33	3.11	7.45	12.37	1.32	3.3	3.37
물가상승률	2.2	2.5	4.7	2.8	3.0	4	2.2	1.3	1.1

자료: 부동산114, 통계청

획을 세울 때 과거에는 50만 호 정도의 주택이 필요했다면 지금은 점차 30만 호, 40만 호로 줄어들고 있다. 주택에 대한 수요나 가격 상승 기대 심리가 과거보다 높지 않기 때문이다.

여기에다 최근에는 저성장과 저물가, 디플레이션을 우려하는 목소리가 점점 커지고 있다. 부동산 가격상승률은 계속 물가상승률에도 미치지 못하다가 2014년에 물가상승률을 약간 상회하는 모습을 보였다. 이는 시장의 움직임이 예전과 달리 단기 시세차익을 챙기기 어려운 방향으로 흐르고 있음을 의미한다. 정부 대책의 효과가 미미한 이유가 여기에 있다. 이젠 정부가 어떤 대책을 내놔도 그 효과가 일부 상품, 일부 지역, 일부 수요층에게만 발생한다.

사실 부동산은 기본적으로 경기의 영향을 받아 춤을 추는 자산 시장이다. 국내의 각종 경제성장률 지표는 2015년을 2014년과 비슷한 수준으로 예측하고 있는데, 2014년의 성장률 추이를 보면 2015년 시장도 썩 녹록치 않을 전망이다. 이것은 과거처럼 대세 상승을 기대하거나 일단 사놓고 집값이 오르길 바라는 묻지마 투자는 피해야 한다는 것을 뜻한다. 아무 상품이나 투자해도 성공하던 부동산 불패 신화는 이제 사라졌다. 수요자는 차별적인 시장에서 자신에게 유리하고 환금성도 좋은 상품을 잘 골라야 한다.

최고점 찍은 지방 주택 시장은 피하라

국내 부동산 시장은 이미 상당히 차별적이다. 2014년 대구, 충북, 경북 등은 비교적 선방했지만 전국 아파트 가격 변동률이 2.35퍼센트 상승한 데 비해 수도권 주택 시장 변동률은 그리 좋은 편이 아니었다. 간신히 인플레이션을 헤지하는 수준이었고 과거처럼 두 자릿수 이상 집값이 상승하는 모습은 기대하기 어려운 상황이다. 그 여파로 실질적인 주택 거래량이 2006년에 비해 전체적으로 줄어들었다.

물론 2011년을 정점으로 지방 주택 시장이 다소 활황세를 나타내며 집값 오름세를 견인하는 효과가 있었다. 그러나 현재 지방 주택

전국 연간 아파트 매매거래량 추이

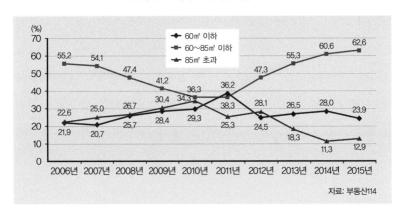

자료: 부동산114

시장은 신규 분양 시장만 일정 부분 가수요가 있을 뿐 기존 주택, 흔히 말하는 낡은 아파트는 가격 변동률이 크지 않다. 다시 말해 일반 아파트를 보면 지방 아파트는 2011년을 정점으로 거래량이 점차 줄고 있다. 반면 수도권 주택 시장은 다소 회복하는 모습이다.

이러한 상황을 고려하면 2015년에 지방에서 일반 아파트에 프리미엄을 많이 얹어 구입하는 것은 좋은 선택이라 볼 수 없다. 실질적인 거래량이나 가격 상승이 많이 둔화되었기 때문이다. 그나마 지방에 신규 청약하는 물량은 청약통장 1순위 가입 요건이 6개월이면 가능하다. 수도권은 통장 가입 이후 24개월이 지나야 1순위 자격 요건이 주어진다.

이에 따라 지방의 수요자들은 일단 청약해서 당첨되면 단기차익을 챙기고, 당첨되지 않으면 계약을 포기한 뒤 다시 통장을 만들어 6개월 후에 1순위 자격을 갖춰 청약하는 일을 반복하고 있다. 지방 주택 시장이 굉장히 활황세인 것처럼 보이는 이유가 여기에 있다. 하지만 이는 가수요가 붙었기 때문이므로 주의해야 한다. 현재 지방 주택 시장의 일반 아파트를 함부로 구매하면 지난 2006~2007년 수도권 주택 시장의 고점에 대출을 많이 끼고 들어가 하우스 푸어가 된 사례처럼 우를 범할 수 있다.

굳이 지방의 주택 시장에 들어갈 계획이라면 단기투자 목적으로 대구나 부산의 일부 지역을 살펴보자. 주변 시세보다 저평가되고 단지 규모가 크며 역세권인 중소형 단지 위주로 청약해보자.

만약 당첨되면 프리미엄만 받고 나오는 방법이 유리하다.

전세난, 2015년에는 해결될까

2015년에는 어디에 관심을 가져야 할까? 2015년에는 신규 분양 시장 중에서도 수도권 주택 시장에 관심을 기울이는 것이 좋다.

2015년 주택 시장의 화두는 크게 두 가지, 수도권 신규 분양 시장과 서울의 전세난이다. 2015년 서울은 전세난이 극심할 전망이다. 원래 매년 12월에는 전월세 가격상승률이 보통 둔화되지만, 2014년에는 고공행진이 이어졌다. 여기에다 2015년에는 서울 지역 아파트 입주량이 2014년보다 45퍼센트 줄어든다. 서울 지역의 경우 평년의 공급량보다 거의 절반에 육박할 정도로 입주량이 줄어들면 전월세 시장 가격이 불안해질 수밖에 없다. 이는 전세의 월세 전환 속도가 빨라지고 전세 매물 자체가 씨가 마른 상황에서 신규 공급 물량 부족이라는 악재가 얹어지는 셈이다.

더 심각한 문제는 재건축 이주 수요 물량이 재건축과 재개발을 합쳐 5만 8,000가구나 된다는 사실이다. 2015년에는 서울 서초구나 강동구에 잠재적 재건축 이주 물량이 상당히 많다. 이들이 움직일 때 시기 조절을 못하면 강남 지역을 중심으로 전세 가격이 급등할 가능성이 크다. 이 경우 강남 지역에서 전세를 월세로 전환하는 속도가 더 빨라지고 임대 소득률도 상대적으로 오르는 효과가 연쇄적으로 나타날 수 있다. 그러면 자금 여력이 부족한 수요자는 외곽으로 밀려날 수밖에 없다. 아니면 아파트에서 다세대, 다가구, 단독빌라로 옮겨가는 주거의 하향 조정이 일어날 수 있다. 그도 아니라면 괜찮은 지역에 내 집을 마련하는 수요가 늘어나 주거 이전이 늘어날 가능성이 있다.

임차 시장을 살펴보면 임대인이 임차인보다 우위를 점하는 시장이 2015년에도 이어질 확률이 높다. 그리고 내 집 마련에 뛰어든 실수요자는 재고 주택보다 신규 분양 시장을 이용하는 패턴이 나타날 것이다. 이때 아무 상품이나 덜컥 청약할 것이 아니라 중소형 주택 위주로 접근하는 것이 안전하다. 전용면적 60~85제곱미터는 이미 연간 아파트 거래량의 60퍼센트를 넘어서고 있다. 즉, 25~34평 아파트 물량이 주택 시장의 실수요 패턴으로 등장했다.

수도권 신규 분양에 집중하라

지방은 청약통장 가입 1순위 요건이 6개월이라 가수요가 늘었는데 건설사 입장에서는 지금이 호기다. 그래서 건설사는 신규 분양 물량을 전부 밀어내려 하고 있다. 2014년만 해도 수도권보다 지방에서 상대적으로 물량이 많았다.

그렇다면 2015년 유망 투자처로 분양 시장에서 지방보다 수도권 위주로 살펴볼 필요가 있다. 참고로 지방에서는 단기차익 정도로만 봐야지 실수요자가 아니면서 당첨되었다고 덜컥 계약해 길게 가져가는 것은 다소 위험하다.

전세가가 계속 오르는 상황이므로 전세보증금 정도를 갖고 있는 무주택자는 신규 분양 시장을 통해 내 집을 마련하는 방안을 검토해보는 것도 좋다. 아니면 정부의 공용 모기지나 디딤돌론 등 저리 대출을 활용해 내 집 마련의 꿈을 이루는 것도 한 방법이다. 그렇다고 무조건 빚을 내서 추격 매수하듯 집을 사야 한

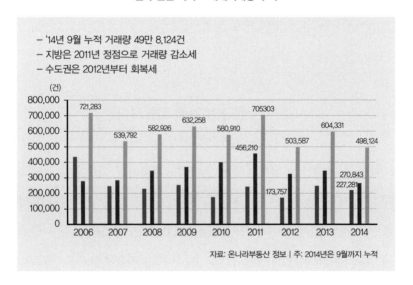

전국 연간 아파트 매매거래량 추이

- '14년 9월 누적 거래량 49만 8,124건
- 지방은 2011년 정점으로 거래량 감소세
- 수도권은 2012년부터 회복세

자료: 온나라부동산 정보 | 주: 2014년은 9월까지 누적

다는 얘기는 아니다.

1주택 소유자 역시 새 것으로 갈아타고 싶다면 신규 분양 시장에 관심을 갖는 것이 좋다. 지금까지는 청약할 때 보유 주택 한 채에 5점씩 감점했지만 그것이 2015년 3월부터 폐지된다. 또한 2015년부터는 유주택자의 무주택 인정 기간이 상대적으로 길어진다. 과거에는 85제곱미터 이하나 공시지가 7천만 원 이하의 유주택자만 무주택자로 인정받아 청약 시장에 들어갈 수 있었다.

최근 부동산 시장은 예전처럼 인플레이션을 헤지하기에 좋지도 않고 아무 물건이나 사둬도 오르는 호황기가 아니다. 그러므로 과거처럼 친구 따라 강남 가듯 움직여서는 안 된다. 무엇보다 우리나라 경제가 일본이 잃어버린 20년에 들어가기 전처럼 디플레이션으로 갈 것이냐, 아니면 저성장기에도 일정 부분 성장을 유지하는 추세로 움직일 것이냐의 갈림길에 서 있다. 따라서 부동산 자산을 소유자의 자본 이득을 높여줄 똘똘한 상품에 잘 안배해야 한다. 꾸준한 현금 수입이 고정적으로 들어오는 수익형 부동산이 아니면 사실상 장기 전망은 썩 좋지 않다. 다시 말해 똑똑한 건물 한 채나 수익형 부동산을 잘 관리하는 것이 최선이다.

그래도 강남이다

물론 어느 정도 자본이 있다면 그래도 재건축 단지에 투자하는 것이 낫다. 재건축 단지는 그나마 정부 정책에 가장 강하게 반응하므로 단기차익을 볼 여지가 높기 때문이다. 특히 강남 재건축 대기 이주 수요를 고려하면 2015년 강남 재건축 단지에서 일정 부분 수익을 올릴 가능성이 크다. 이왕이면 강동보다 서초나 강남 쪽에 관심을 갖는 것이 좋다. 무엇보다 LTV, DTI 규제 완화로 담보대출 여력이 높아지면서 강남권에 수요자들이 관심을 더 기울이는 양극화가 이어질 것으로 보인다.

2015년 강남 지역은 입주 물량이 더 부족해진다. 이명박 정부 때는 대선 공약이 신혼부부 반값 아파트라 보금자리주택, 예를 들어 세곡지구나 내곡지구, 우면지구, 위례 신도시 등의 그린벨트를 해제해 저렴한 보금자리주택을 많이 공급했다. 덕분에 이명박 정권 시절에는 강남의 신규 공급 물량이 상당히 많았다.

원래 수도권 전체 재고 아파트 중 강남권이 차지하는 물량이 20퍼센트대다. 자연적인 멸실이나 이주 수요를 고려할 때 20퍼센트 정도는 공급해야 한다. 이명박 정부 시절에는 40퍼센트대까지 공급이 이뤄졌다. 하지만 박근혜 정부 들어 공급은 행복주택으로 바뀌었고 전 정권의 보금자리주택 사업을 이어가지 않았다. 결국 강남권 신규 공급 물량은 재건축 외엔 딱히 없다. 2015년의 경우 본래 전세 재고는

담보대출 규제완화 최대수혜지 강남권

구분	현행				개선
	담보대출 규제	지역	은행·보험	기타 비은행권	
지역별·금융업권별 차등 완화	LTV	수도권	50~70%	60~85%	전 금융권 70%
		기타	60~70%	70~85%	
	DTI	서울	50%	50~55%	수도권·전 금융권 60%
		경기·인천	60%	60~65%	

(단위: 만 원)

지역	6억 원 이하			6억 원 초과		
	기존 LTV	신규 LTV	변경금액	기존 LT	신규 LTV	변경금액
서울	22,024	25,694	3,670	50,501	70,701	20,200
경기	16,368	19,096	2,728	40,635	56,889	16,254
인천	13,257	15,467	2,210	40,975	57,365	16,390
수도권	18,113	21,131	3,018	48,222	67,511	19,289

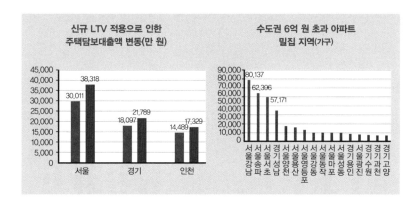

신규 LTV 적용으로 인한 주택담보대출액 변동(만 원)

수도권 6억 원 초과 아파트 밀집 지역(가구)

20퍼센트인데 신규 공급은 11퍼센트에 불과하다. 더구나 2015년에는 이주 수요 여파에 따른 가격 하락이 발생할 이유가 없다.

전월세 시장 가격이 불안할 경우 강남권의 이점은 더욱 두드러진다. 이미 서울 전체 지역에 비해 강남이 2배 정도 노후도가 높은 실정이다. 이로 인해 그 지역 내에서의 자가 거주율은 계속 떨어지고 있다. 즉, 강남권은 수요자가 집을 사서 그 집에 거주하는 비율이 하락하고 있다. 결국 새 아파트를 공급하면 임대수익률이 상대적으로 높고 임차를 놓을 경우 임차회전율이 높아질 수밖에

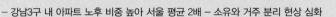

강남아파트 노후화로 고급 유효수요 교체수요 상당

– 강남3구 내 아파트 노후 비중 높아 서울 평균 2배 – 소유와 거주 분리 현상 심화
– 강남 알짜 새아파트는 강남권내 고급 유효수요의 교체 니즈를 자극할 수 있는 요인
– 자녀 교육을 위해 전입하려는 임차 세력을 노려 임대수익을 향유하는 등 수익형 부동산으로도 활용 가능

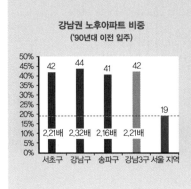

강남권 노후아파트 비중
('90년대 이전 입주)

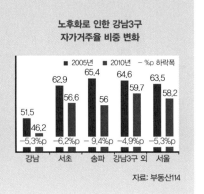

노후화로 인한 강남3구
자가거주율 비중 변화

자료: 부동산114

없다.

현실적으로 강남을 대체할 수 있는 곳은 많지 않다. 용산, 성수동, 판교, 위례 등 교육 여건이나 자족 기능 및 인프라를 개선한 지역이 늘고 있긴 하지만 교육·자족·인프라의 삼박자를 갖춘 지역은 별로 없다.

대표적으로 용산은 집값이 상승기일 때 국제 업무 단지를 개발한다고 했지만 글로벌 금융위기의 영향을 받아 개발이 무산되었다. 교육 수요라도 괜찮다면 상관없지만 사실은 기대 이하다. 사정이 이렇다 보니 수요자들이 '그래도 강남'이라는 생각을 하는 것도 무리는 아니다.

강남에서 신규 분양을 받는 사람들은 단기차익도 좋지만 임대수익을 노리는 경우가 많다. 아파트 월세가 100만 원 이상씩 나오기 때문이다. 보증금 비율에 따라 다르긴 해도 새 아파트는 전세난이 심해 더 많이 받을 수도 있다. 따라서 많은 사람이 강남 지역 물량에 관심을 집중하고 있고 프리미엄이나 단기차익도 상대적으로 높다. 특히 2015년 강남권에서 이주 대기 중인 물량이 많은데, 이런 사업장들이 움직이기 시작하면 전세가가 더 오를 수 있다.

월세 시대는 생각보다 훨씬 가깝다

우리나라 인구의 14.5퍼센트를 차지하는 베이비부머 세대가 은퇴하기 시작하면서 어떤 부동산을 선택해야 할지 고민이 깊어지고 있다. 자영업을 하자니 생각보다 창업에 대한 지식이 없고, 내 점포가 아니면 권리금 문제도 발생하기 때문이다. 임대차보호법이 있어도 창업에 대한 두려움이 크고 행여 브로커에게 사기를 당하지 않을지, 2~3년 내 폐업률이 70퍼센트라는데 나는 안전할지 고민하는 것이다.

퇴직금을 안전하게 유지해 자식에게 손을 벌리지 않고 노후를 행복하게 살아갈 방법을 연구하는 것은 당연한 일이다. 한데 인구 구조의 고령화로 시장의 관심은 부동산 쪽으로 갈 수밖에 없다. 실제로 우리나라는 다른 선진국에 비해 금융 자산보다 유동성이 떨어지는 부동산 자산을 많이 갖고 있다. 그 부동산 자산도 단기차익을 챙기는 데 급급할 뿐 내가 가꾸고 운영해서 월세를 받는 상품은 많지 않다. 많은 대출 부담을 안고 있거나 집값 급등기에 중대형에 투자했다가 가격이 떨어져 돈이 묶인 사람도 많다.

앞으로는 매달 현금흐름이 발생하는 월세 상품을 잘 살펴봐야 한다. 이미 임대차 시장의 절반 이상이 전세와 월세가 동일한 비중을 보이고 있다.

정부가 매달 전월세 거래량을 집계하는데 그중 40퍼센트가 월세고 보증부 월세를 포함한 반전세가 40퍼센트, 전세는 60퍼센트다.

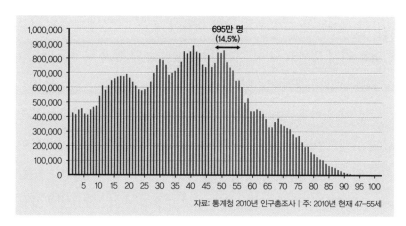

베이비부머 세대 인구 규모

695만 명 (14.5%)

자료: 통계청 2010년 인구총조사 | 주: 2010년 현재 47-55세

각국 베이비붐 세대의 자산 및 주소득원 비교

		한국	일본	미국
1인당 금융자산		7,300만 원	1,868만 엔	86만 달러
보유자산 비중		부동산 74.8%	금융자산 45%	금융자산 63%
60대 이상 고령층의 주소득원 비중	공적연금	6.6%	57.4%	55.8%
	자녀지원	56.6%	6.6%	1.6%
	근로소득	26.6%	21.6%	15.5%
	자산소득	9.9%	6.6%	23.3%

자료: 통계청, 한국보건사회연구원 | 주: 자산소득은 예금 및 개인연금 포함

아직도 월세가 먼 것처럼 느껴지지만 사실은 아주 가까이에 있다.

돌이켜보면 지난 2009년부터 5년간 전월세 가격이 올랐고 세입자는 2년 단위로 전세보증금을 올려달라는 공포에 시달렸다. 하지만 요즘 집주인들은 보증금을 올려 받지 않는다. 본인이 돌려줄 여력만 있으면 월세를 받고자 한다. 이와 더불어 보증금 인상분만큼을 전환 이율로 따져 월세로 달라고 하거나 보증금을 덜 받고 월세를 받으려고 하는 흐름이 생겨나고 있다.

강남 지역 아파트는 상대적으로 월세 전환 속도가 느리지만 보증금과 월세의 비율만 봐도 월세가 가까워지고 있음을 알 수 있다. 이처럼 월세가 확장되는 이유는 저금리 때문이다. 2014년 8월과 10월에 기준금리를 두 번 내리면서 현재 기준금리는 약 2퍼센트에 불과하다. 은행에 예금해 이자를 받을 경우 1년 만기 정기예금도 연 2.1~2.2퍼센트에 그친다.

세금 때문에 임대사업을 망설일 필요는 없다

반면 수익형 부동산은 이보다 높은 수익을 올리고 있다. 심지어 공급 과잉으로 시장 전망이 썩 좋지 않은 오피스텔마저 임대수익률이 예금금리보다 나은 편이다. 아파트는 두말할 필요도 없다. 그래서 발 빠른 수요자는 꾸준한 임대수익을 올릴 수 있는 수익형 부동산에 관심이 많다. 내가 전문가도 아닌데 창업해서 돈을 몽땅 날리느니 괜찮은 지역의 원룸형에 투자해 월세를 받는 쪽이 더 안전하다고 생각하는 것이다.

특히 우리나라 임대 시장은 정부가 갖고 있는 공공주택 재고가 6퍼센트밖에 안 된다. 선진국은 보통 10퍼센트가 넘는다. 임대 시장의 70~80퍼센트를 사적 임차 시장이 해결하다 보니 정부가 '시장가격보다 싸게 임차하면 취득세나 재산세를 깎아준다'고 하는 것이다. 나아가 종부세 부담도 덜어주고 나중에 실제 임대와 관련된 소득세도 일정 부분 깎아준다고 내건다. 임대사업자나 다주택자를 임대주택 시장의 공급자로 활용하려는 것이 정부의 심산이다.

앞으로 정부는 다주택자 중에서 임대사업자를 키우는 정책을 더 많이 만들 것이다. 전월세 시장이 불안해지면 어떤 현상이 나타나는가. 정권이 가장 무서워하는 것은 먹고사는 문제가 흔들리는 일이다. 민생 경기가 어렵거나 의식주 중 하나인 집 문제를 해결하지 않으면 재선에 성공하는 것은 요원해진다. 정부가 전월세 시장가격 안정에 굉장한 정책 의지를 불태우는 이유가 여기에 있다.

그런데 우리나라 임대사업자는 개인이 하는 것이라 영세성이 강하다. 물론 앞으로는 정부가 법인 임대를 키우려고 하겠지만 아직은 대부분의 임대주택을 민간이 공급하므로 임대사업자를 키우는 정책이 더 나올 가능성이 크다.

이미 과거에 비해 임대사업자가 많이 증가하고 있다. 대신 영세성을 면하고 다주택자가 임대소득으로 수익을 보도록 정부가 증여세, 상속세 감면책을 만지작거리고 있긴 해도 아직 국민 정서상 다주택자를 경원시하는 경향이 강해 현실화하기는 어려울 듯하다.

집주인의 월세 임대소득 구간별 세금(만 원)

월세	42	83	100	125	142	158	167	170
연간임대소득	500	1,000	1,200	1,500	1,700	1,900	2,000	2,040
필요경비(주1)	300	600	720	900	1,020	1,140	1,200	924
임대소득공제	400	400	400	400	400	400	400	해당없음
과세표준	0	-	80	200	280	360	400	1,116
납부세액	0	0	11	28	39	50	56	(주2)
과세방식	분리과세	분리과세	분리과세	분리과세	분리과세	분리과세	분리과세	종합소득

자료: 부동산114
주1: 연간 임대소득 2,000만 원 초과면 단순경비율 45.3% 적용
주2: 종합소득 합산과세인 경우 다른 소득에 따라 세율이 6~38%로 달리 적용됨

집주인의 전세 임대소득 구간별 세금(만 원)

전세보증금	다른 소득이 2,000만 원 이하인 경우				다른 소득이 2,000만 원 초과인 경우				과세방식
	간주임대료(주1)	필요경비(주2)	임대소득공제	납부세액	간주임대료	필요경비	임대소득공제	납부세액	
3억	0	0	-	0	0	0	해당없음	0	분리과세
5억	348	209	400	0	348	209	해당없음	19	분리과세
7억	696	418	400	0	696	418	해당없음	39	분리과세
10억	1218	731	400	12	1218	731	해당없음	68	분리과세
14억	1914	1148	400	51	1914	1148	해당없음	107	분리과세
15억	2088	946	해당없음	(주3)	2088	946	해당없음	(주3)	종합소득

자료: 부동산114
주1: 간주임대료 산정시 이자 · 배당 수입 금액은 0으로 가정
주2: 연간 임대소득(간주임대료) 2,000만 원 초과면 단순경비율 45.3% 적용
주3: 종합소득 합산과세인 경우 다른 소득에 따라 세율이 6~38%로 달리 적용됨

2014년 2.26 임대소득 과세 정책으로 사실상 세금 폭탄이 발생하는 게 아니냐고 걱정하는 사람도 많았지만 실제로 계산해보면 그리 큰 부담을 주지 않는다. 단순히 세금 때문에 임대사업을 두려워할 필요는 없다. 물론 노하우가 있다면 창업이 좋지만 그렇지 않은 경우에는 임대사업이 현명할 수 있다.

수익형 부동산, 오피스텔 vs. 상가

그러면 어떤 임대사업을 하는 것이 좋을까?

우선 오피스텔은 다른 상품에 비해 수익률이 괜찮지만 공급 과잉이 단점이다. 2014년 입주 물량이 정점을 찍었고 2015년에도 좀 많은 편이다. 그렇기 때문에 오피스텔을 고른다면 가급적 관리비가 덜 나오는 물량, 새로 지은 물량이 좋다. 입지는 마곡지구나 판교, 강남을 중심으로 하되 대학가 주변과 임대 수요가 있는 지역의 깨끗한 물량 위주로 선별하는 것이 바람직하다. 최근 신규 분양하는 물량을 눈여겨보고 기존 오피스텔 중에서도 가격을 조정한 것은 장기적으로 나쁘지 않다. 물론 옥석을 구분할 필요는 있다.

상가의 경우 2014년 LH단지 내 상가가 굉장히 인기를 끌어 낙찰가율이 167퍼센트에 달했다. 단, 낙찰가가 150퍼센트를 넘는 것은 과열 기미가 있다는 의미이므로 주의해야 한다. LH단지 내 상가 정보는 LH 한국주택토지공사 홈페이지에서 찾을 수 있다. 여기에는 신규 분양하는 물량 공고가 모두 나오는데 3~5억의 자본이 있다면 단지 내 상가도 고려해볼 만하다.

2014년 각광받은 수익형 부동산 중에는 점포겸용주택, 즉

알짜 공공택지 '점포겸용', '단독주택' 용지 입찰

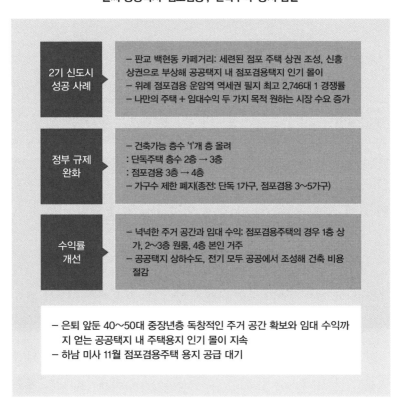

2기 신도시 성공 사례	- 판교 백현동 카페거리: 세련된 점포 주택 상권 조성, 신흥 상권으로 부상해 공공택지 내 점포겸용택지 인기 몰이 - 위례 점포겸용 운암역 역세권 필지 최고 2,746대 1 경쟁률 - 나만의 주택 + 임대수익 두 가지 목적 원하는 시장 수요 증가
정부 규제 완화	- 건축가능 층수 '1'개 층 올려 : 단독주택 층수 2층 → 3층 : 점포겸용 3층 → 4층 - 가구수 제한 폐지(종전: 단독 1가구, 점포겸용 3~5가구)
수익률 개선	- 넉넉한 주거 공간과 임대 수익: 점포겸용주택의 경우 1층 상가, 2~3층 원룸, 4층 본인 거주 - 공공택지 상하수도, 전기 모두 공공에서 조성해 건축 비용 절감

- 은퇴 앞둔 40~50대 중장년층 독창적인 주거 공간 확보와 임대 수익까지 얻는 공공택지 내 주택용지 인기 몰이 지속
- 하남 미사 11월 점포겸용주택 용지 공급 대기

상가주택도 있다. 판교 신도시의 백현 마을과 카페거리 등에 블록형 점포겸용주택을 지은 사례가 대표적이다. 2014년에 이러한 상가주택 경쟁률이 굉장히 치열했다. 예를 들어 2014년 위례 신도시 운암역 근처에서 점포겸용용지를 분양했는데 그중 한 필지 경쟁률이 2,700 대 1이 넘었다. 청약금은 3,000만 원 정도였고 무작위 추첨이라 복불복이나 마찬가지였다. 즉, 3,000만 원이 있으면 청약해서 프리미엄을 받고 매각하면 그만인 구조다. 다만 이러한 상가주택 투자도 아무 지역에서나 하면 안 된다.

2014년 반응이 좋았던 것은 미사지구와 위례 신도시다. 미사지구는 이미 2014년에 마무리되었고 2015년 위례에서 150개 정도의 필지가 나올 예정이다. 이 물량도 LH 홈페이지에 공고하고 언론에서도 소개하므로 신문만 열심히 봐도 좋은 정보를 챙길 수 있다. 단, 이 지역은 택지비용만 적게는 8억에서 많게는 10억이 든다는 점을 감안해야 한다. 여기에다 공사비가 3~4억 든다. 최근 트렌드는 3, 4층 상가주택을 지어 한 층은 본인이 거주하고 다른 층은 주택으로 만들어 임차하며, 나머지 층은 상가로 운영하는 것이다.

똑똑한 청약통장 사용법

흔히 유수익 무위험이라고 하는 신규 분양 시장은 2015년 3월부터 수도권 청약통장 가입자 열 명 중 일곱 명이 1순위가 된다. 2014년 말 사람들이 분양 시장에 대거 몰려든 이유가 여기에 있다. 가점이 높거나 불입 금액이 많은 사람들이 2015년부터 청약자 모수가 커져 당첨이 힘들어질 거라고 판단했기 때문이다. 그래서 2014년 청약 경쟁률이 2013년에 비해 일제히 올랐다.

특히 2015년에는 또 다른 분양 시장 호재가 있다. 분양권 전매 시장이 늘어날 거라는 점이다. 분양권 전매는 지난 2006~2007년 최고치를 찍었고 정부가 투기과열지구 등을 도입하면서 분양권 전매 자체가 자취를 감췄다.

정부가 현재 가장 골몰하는 것은 전월세 시장의 압력을 낮춰줄 내 집 마련으로의 자가 이전이다. 그러다 보니 분양 시장에서 단기차익을 챙기려면 다 챙기라고 규제 수준과 문턱을 노골적으로 낮춰주고 있다. 더구나 분양 시장은 아무런 위험이 없는 투자처다. 그 이유는 청약통장 하나만 있으면 재당첨 금지도 없고 투기과열지구도 없기 때문이다. 아파트에 청약해 당첨되면 웃돈을 받고 판 다음 은행에 가서 또 통장을 만들어 청약 경쟁에 뛰어들 수 있다. 여기에다 수도권은 1순위 가입 기간이 24개월에서 12개월로 줄어든다. 예전에는 부양가족 수나 청약통장 가입 기간, 무주택 기간에 따라서 당첨 우선권을 주었지만 앞으로는 조건 없이 컴퓨터 무작위 추첨으로 바뀐다. 말 그대로 운에 따라 당첨이 좌우된다.

이런 상황은 수요자들 사이에 반응을 일으켜 가수요를 만들어낼 수 있다. 이미 2014년부터 시장이 미미하게나마 반응하기 시작했다. 2014년 분양권 거래량이 과거에 비해 3배 정도 늘어난 것이다.

2015년 유망 분양 시장 대공개

그러면 어떤 지역에 청약해야 할까? 2015년에는 서초 한양, 서초 우성2차, 잠원 한신10차, 잠원 한양 등이 분양권 거래로 단기 차익을 얻을 만한 지역이다. 이곳은 기본적으로 400~800세대가 넘는다. 전용 60~85제곱미터는 물론 102제곱미터까지도 괜찮다. 여기에는 거의 다 프리미엄이 붙을 확률이 높고 중대형은 랜덤 추첨도 가능하다. 만약 자본이 많지 않다면 단기에 매각하는 것이 좋다. 자본이 있고 임대사업까지 검토할 경우 월세로 운영수익을 챙길 수 있다.

다른 하나는 재개발과 재건축 물량이다. 용산, 구의, 금호 지역에서 물량이 나올 예정이고 동탄도 유망 지역이다. 2015년 동탄에서는 신규 입주 물량이 1만 5,000가구, 2016년에는 7,000가구로 많이 공급할 예정이다.

2년간 2만 가구가 넘는 물량이 쏟아지면 어떤 현상이 나타날까? 우선 기존 아파트가 팔리지 않고 전세가가 떨어지는 역전세난이 생길 수 있다. 동탄은 신규 분양이나 신규 청약은 일정 부분 괜찮겠지만 재고가 있는 사람은 주의해야 한다. 1지구에서 2지구로 갈아타는 수요 때문에 2015년 동탄은 어느 정도 문제가 발생할 수 있다.

2015년에도 서울에선 임대인 우위 시장이 이어질 전망이다. 특히 2015년이 홀수 해라 전세 이주 수요가 많고 저금리 기조가 쉽게 바뀌지도 않을 것이므로, 전세에서 월세로의 전환 트렌드는 가속화할 수밖에 없다. 한마디로 서울 지역의 전세 시장은 불안하다. 부동산 수요자는 이 상황에 맞춰 고정적인 운영수익을 챙길 수 있는 물량 위주로 부동산 포트폴리오를 정리할 필요가 있다.

2015년 부동산 투자하기 전에
반드시 알아야 할 질문과 답변

2015년 경매 시장은 어떨까?

경매는 불황기에 낙찰가율이 떨어져 저가 매입이 가능하다는 장점이 있다. 시장이 과열될 때는 저가에 사들여 일반 시장보다 취득세 정도를 챙길 수 있다. 다만 최근에는 NPL 등 전문 분야에까지 일반인이 참여하면서 과열 분위기가 강해 수익을 낼 수 있는 상품이 많지 않다. 스스로 공부해 권리 분석을 한 다음 내 집 마련 차원이나 상가를 구입해 운영수익을 내고자 한다면 긍정적이다. 하지만 남에게 대행하면, 예를 들어 낙찰 대행을 할 경우 업체를 잘 선정하지 않으면 낙찰가율이 높아 수익을 내기가 쉽지 않다. 경매 시장이 대중화하면서 본인이 권리 분석을 잘해 직접 하는 경우가 아니면 예전처럼 높은 수익을 챙기기 어렵다. 물론 경매 시장에서도 단지 내 상가나 오피스텔은 아파트에 비해 낙찰가율이 상대적으로 낮기 때문에 권리 분석만 잘하면 충분히 수익을 챙길 수 있다.

퇴직연금 04

이영철

대신증권 퇴직연금본부장. 국내 은행, 보험, 증권사 등 여러 금융회사에서 퇴직연금 상품을 만들지만 최고의 수익률을 자랑하는 곳이 바로 대신증권이다. 확정급여형(DB) 퇴직연금으로 대신증권은 고객들에게 지난 7년간 40%의 수익률을 안겨주었다. 투자컨설팅, 상품개발 및 종합자산관리 등의 부서를 거쳤다.

7장

무조건 '12%+α' 수익률 보장되는 퇴직연금 투자법

이영철, 대신증권 퇴직연금본부장

국민연금에만 의존하는 것은 위험하다

"은퇴하기 전에 준비했어야 하는데 준비하지 못해 후회하는 것은 무엇인가?"

어찌 보면 가슴을 후벼 파는 듯한 이 질문을 받은 은퇴자들은 과연 어떤 대답을 할까? 공통적으로 가장 많이 나오는 대답은 이것이다.

"노후 준비가 부족했다."

그다음은? 평생 취미, 건강 순이다. 요즘 부쩍 은퇴 이후의 삶에 관심이 높아지면서 덩달아 주목을 받는 것이 '노후는 국가가 책임진다'는 독일의 연금 제도, 즉 비스마르크다. 내용인즉 비스마르크 제도가 125년 만에 백기를 들었다는 얘기다. 독일의 메르켈 총리가 대놓고 "이제 국민연금에만 의존하지 마라. 개인연금이나 개인보험, 기업연금을 적극 활용하라"고 말한다는 거다. 노후준비의 중요성과 시급성은 아무리 입이 아파도 죽어라고 강조해야 한다. 준비 없이 덜컥 노후를 맞이하면 수입을 올리던 기간과 맞먹는 시간을 수입 없이 보내는 낭패를 겪기 때문이다.

먹고사는 문제를 말할 때 흔히 등장하는 주제어가 바로 '중산층'이다. 우리나라에서 중산층이란 과연 어떤 삶의 질을 누리는 사람을 말하는 것일까?

'30평 이상의 아파트, 2,000cc급 이상의 자동차, 월 급여 500만 원 이상, 예금 잔고 1억 이상 그리고 1년에 해외여행 한 번 이상.'

이것이 한국인이 정의하는 중산층의 삶이다. 여러분은 이 조건을 충족시키는 중산층인가? 헉, 소리가 절로 나온다고? 그렇다면 다른 나라는 중산층을 어떻게 정의할까? 영국에서는 중산층을 이렇게 정의한다.

'페어플레이(Fair Play)를 할 것, 자신의 주장과 신념을 가질 것, 독선적으로 행동하지 말 것, 약자를 두둔하고 강자에 대응할 것, 불의·불평·불법에 의연히 대처할 것.'

미국 역시 영국과 비슷하게 자신의 주장에 떳떳하고 사회적인 약자를 도우며 부정과 불법에 저항하는 사람을 중산층이라고 한다. 우리와는 사뭇 다르다는 생각이 드는가. 이것은 누군 맞고 누군 틀리다는 관점이 아니다. 그저 장점은 취하되 우리의 꿈이나 의식까지 무시할 필요는 없다.

내가 다루고자 하는 것은 크게 세 가지로 나뉜다.

첫째, 누구나 맞이하는 은퇴 이후의 삶을 어떻게 준비할 것인가?

둘째, 은퇴 준비의 최적 수단이라는 퇴직연금제도를 어떻게 활용할 것인가?

셋째, 퇴직연금의 성공비결과 운용방법은 무엇인가?

골치 아프게 이것저것 따질 필요 없이 무조건 12퍼센트에 플러스알파 수익률을 보장받는 방법은 없을까?

자연계에 사계절이 있듯 인생에도 사계절이 있다. 그것은 걸음마기, 뜀박질기, 황혼녘기, 인생 반추기를 말한다. 여러분은 인생의 어느 계절에 서 있는가? 겨울을 위해 준비를 잘하고 있는지 굉장히 궁금하다.

겨울나기를 준비하는 대표적인 동물이 바로 다람쥐다. 흔히 앞날을 준비하기 위해 재빠르게, 부지런히 움직이는 사람을 가을다람쥐에 비유한다. 다람쥐는 겨울잠을 자기 전에 양식을 장만하고자 늦가을이면 온 산을 돌아다니며 도토리를 모은다. 마찬가지로 우리도 은퇴 전 30년 동안 은퇴 이후의 30년을 준비해야 한다.

열심히 일한 당신에게는 분명 노후에 행복할 권리가 있다.

열심히 살았으니 노후에는 당연히 행복해야 한다. 그런데 안타깝게도 그 권리는 준비된 자에게만 온다! 노후를 대비하려면 대체 얼마나 손에 쥐어야 할까? 보통 5억, 10억, 30억을 말하지만 절대적인 기준은 없다. 가치 기준도 다르고 기간에 따라 개인차가 있기 때문이다.

탑골공원이나 종로 쪽에 가면 어르신들이 굉장히 많은데 그들이 왜 종로거리에 많이 모이는지 아는가? 그건 귀소 본능이다. 어르신들이 한때 즐겨 놀던 거리가 종로라서 그쪽으로 모이는 거다. 그럼 요즘의 젊은이들은 은퇴 이후에 어디로 모일까? 혹시 홍대나 강남 쪽으로 가지 않을까? 나는 나중에 어디로 갈까 하고 생각해보니 회사가 있는 여의도 쪽으로는 절대 가지 않을 것 같다.

노후에도 행복할 권리

은퇴자의 삶에서 가장 중요한 요소는 무엇일까?

첫째가 건강이다. 건강한 은퇴자는 그렇지 못한 은퇴자의 5배, 건강보험 보유자는 그렇지 못한 은퇴자의 1.5배의 만족도를 보인다고 한다.

우리나라 최고의 부자는 알다시피 삼성의 이건희 회장이다. 그는 재산이 무려 13조로 전 세계 부자 중 95위를 차지하고 있다. 한데 요즘 건강을 잃은 그에게 그 13조가 얼마나 의미가 있을까?

2014년 매스컴에서 가장 많은 스포트라이트를 받은 사람은 아마 알리바바의 마윈 회장일 것이다. 2014년 나스닥에 상장하면서 그는 일약 26조의 거부가 되었다. 그런 마윈 회장이 인터뷰를 하면서 나는 부자지만 전혀 행복하지 않다며 "빌 게이츠와 기부왕 경쟁을 벌이겠다"고 선언했다. 옆집 아저씨처럼 털털한 외모 그대로 그는 돈이 행복의 절대기준은 아님을 보여준다.

2014년 한 해 동안 사람들의 입에 오르내린 인물 중 '만수르'만큼 흥미를 끈 사람도 드물다. 아랍 왕자 만수르의 재산은 얼마나 될까? 일요일마다 〈개그콘서트〉에서 알려주긴 하지만 만수르의 개인 재산은 무려 28조 원이다. 고작 70년생에 불과한데 재산이 28조라는 얘기다. 부럽다고? 만약 만수르가 건강을 잃으면 오히려 그가 건강한 여러분을 부러워할 것이다.

둘째는 가족관계와 유대감이다. 배우자가 있는 사람이 없는 사람의 1.6배, 자녀가 있는 사람이 없는 사람보다 2배 이상 행복하다고 한다. 농담 중에 남자는 마누라가 죽으면 화장실 가서 웃는다는 말이 있지만 천만의 말씀이다. 무자식이 상팔자라고? 어림없는 얘기다. 물론 개중에는 서로 원수 같이 지내는 관계도 있지만, 한때 아옹다옹할지언정 대개는 서로 의지하며 살아간다.

예전에 흔히 듣던 말인데 인생의 3대 실패라는 게 있다. 그것은 젊어서 출세하는 것, 중년에 배우자를 잃는 것 그리고 노년에 돈이 없는 것이다. 청장년기만 훌쩍 지나도 이 말이 엄청나게 실감난다. 주변에 보면 배우자를 잃고 외로움과 적적함, 공허감을 메우지 못해 힘들어하다가 결국 세상을 일찍 떠나버리는 사람이 많다. 그만큼 배우자는 중요한 존재다.

또 우리나라 저출산율은 현재 굉장히 심각한 상태다. 2013년의 통계청 자료를 보면 가구당 출산율이 1.19명으로 나타나 있다. 알고 있다시피 요즘의 젊은이들은 아이를 낳기보다 개를 모시고 산다. 그러다 보니 애견숍은 물론 애견호텔, 애견유치원까지 성업 중이란다. 애견유치원에는 등하교 시간과 오침 시간이 있고 사회성을 길러주기 위해 소풍도 간다는데, 그야말로 개들이 살판난 개(犬)판이 아닌가.

셋째는 두터운 소득보장 체계다. 노후에 소득보장 체계를 두텁게 쌓은 사람은 삶의 만족도가 높다. 우리나라 사람들의 평균수명이 81세인데 남성보다 여성이 6~7년을 더 산다고 한다. 유독 우리나라만 그렇단다. 만약 비슷한 시기에 하늘나라로 가고 싶다면 여자는 6~7세 연하의 남자와, 반대로 남자는 6~7세 연상의 여자와 결혼해야 한다.

노후설계의 기본은 연금 3종 세트

노후는 대체 어떻게 준비해야 할까? 참 고민스런 문제다. 개인적인 부를 늘린다고? 직장에 장기근속해서 경제활동을 지속한다고? 빙고! 저축을 많이 하는 것도, 평생 직업을 갖는 것도 모두 좋은 전략이다. 국민연금에만 기대도 될 거라는 야무진 꿈을 꾸는 사람이 있다면, 안됐지만 꿈 깨시라. 공식적인 매스컴조차 2055년이면 국민연금이 고갈된다고 버젓이 기사를 싣고 있다. 우리나라뿐 아니라 전 세계적으로 국가가 책임을 지는 것은 갈수록 어렵고 시대적으로도 기대하기 곤란한 일이다.

자식농사 잘 지어서 덕 보는 게 장땡이라고? 글쎄, 손이나 벌리지 않으면 다행 아닐까? 더구나 본인은 그다지 효도하지도 않으면서 자식한테는 엄청 바라는 것은 아닌지 의심스럽다. 우리네 부모님도 지금 자식을 키우느라 고생하는 우리만큼이나 뼈 빠지게 열심히 키웠을 텐데 말이다.

여하튼 서둘러 쓰린 속을 챙기고 우리에게 남아 있는 것이 무엇인지 뒤져보자. 아하, 퇴직금이 남아 있다. 퇴직금으로 마지막 종자돈, 즉 최후의 보루자금을 만들어보자.

내가 대신증권에 입사한 지 22년 되었는데 앞으로 얼마나 더 일할지 모르지만 미래와 노후가 당연히 고민스럽다. 고민 끝에 내가 내린 결론은 '가장 좋은 은퇴 수단은 퇴직금'이라는 것이다.

'노후설계' 하면 다들 굉장히 어렵게 생각하는데 사실은 단순하면서도 쉽게 접근해야 한다. 기본적으로 '연금 3종 세트'에 충실하면 노후준비는 어느 정도 해결할 수 있다. 세상에 돈을 쌓아놓고 고민하면서 투자할 만큼 여유 있는 사람이 몇이나 되겠는가. 대다수 직장인에게는 여유가 없다. 머리를 이리저리 굴리다 보면 연금 3종 세트만큼 훌륭한 게 없다는 결론에 이른다. 진부하다고 느낄 수도 있지만 이것이 기본이다. 기본에 충실하지 않고 아무리 머리를 써가면서 다른 데 노력을 낭비해봐야 그림의 떡일 뿐이다.

1종은 국민연금이다. 국민연금은 기초적인 생활을 보장해주는 재원으로 어떤 경우에도 국민연금을 중단하면 안 된다. 국민연금으로 노후의 소득 대체효과 중 최소한 20~30퍼센트를 확보해야 한다.

2종은 퇴직연금이다. 이것은 안정적인 생활을 보장하기 위해 2005년 12월 1일부터 시행한 제도인데 절대로 도중에 인출하면 안

노후설계 기본 연금 3종 세트

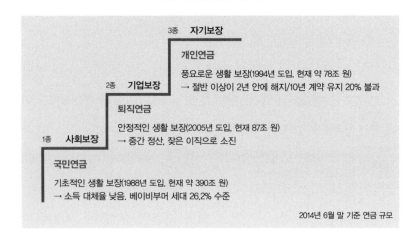

2014년 6월 말 기준 연금 규모

된다. 10년이 다 되어가는 이 연금은 2014년 11월 말 기준 90조의 기금을 형성한 상태다. 그런데 안타깝게도 우리나라 역시 선진국처럼 메뚜기들이 늘어나 평균 근속연수가 5.8년, 즉 6년밖에 되지 않는다. 여러분이 이직하거나 전직하면 퇴직금을 일시에 받는데 그때마다 홀랑 써버리면 안 된다. 그 돈은 반드시 개인퇴직계좌(IRP)에 넣어두어야 한다.

퇴직연금은 국민연금처럼 소진되는 재원이 아니라는 사실을 반드시 기억하라. 호주나 뉴질랜드, 멕시코, 헝가리 등의 나라에서는 강제로 퇴직연금을 적립하게 하고 중도 인출도 상당히 까다롭다. 사람들은 흔히 자신이 매우 이성적이고 합리적으로 행동한다고 생각하지만 실제로는 그렇지 않다. 따라서 시스템적으로 강제하는 것도 좋은 방법이다.

3종은 개인연금이다. 개인연금은 여유가 있는 사람이 추가적으로 노후 소득보장 체계를 두텁게 만드는 방법이다. 실제로 우리나라의 개인연금은 78조 정도 되는데 문제는 중도 해지하는 사람이 너무 많다는 데 있다. 통계를 보면 개인연금 가입자의 절반 이상이 2년 이내에 연금을 해지한다고 한다. 10년 이상 계약 유효율이 20퍼센트가 채 안 된다는 것은 매우 심각한 일이다.

'연금 3종 세트'에 하나 더 추가해야 하는 것이 보험이다. 65세 이후의 지출 비용 중 의료비가 차지하는 비중이 60~70퍼센트에 이르므로 보험으로 의료비 증가 요인을 상쇄해야 한다.

세상에 자식을 사랑하지 않는 사람은 거의 없을 것이다. 그렇다면 자식을 진정으로 사랑한다는 게 무엇인지 알고 있는가? 조기유학을 보내고 기러기 가족으로 사는 것? 좋은 학교, 좋은 스펙을 위해 치맛바람이나 바짓바람을 날리는 것? 그건 정말 아니다. 냉정히 말하면 그것은 부모의 자기만족에 불과하다.

진정으로 자식을 사랑하는 건 노후에 자식에게 손을 벌리지 않는 것이다. 자식이 열심히 사회생활을 하면서 제 나름대로 인생을 꾸려가는데 부모가 용돈을 달라고 하면 얼마나 부담스럽겠는가. 자식에게 자주 찾아오라고 입 아프게 얘기할 필요도 없다. 여러분이 손에 돈을 쥐고 있으면 오지 말라고 해도 찾아온다. 그렇지 않은가. 건강하게 경제적 자립을 이루고 준거집단을 만들어 인생을 즐기는 문제는 스스로 해결해야 한다.

퇴직연금제도의 개념적 구조

엄살이 아니라 이제 직장인에게 좋은 시절은 다 지나갔다. 실제로 금융 시장 환경을 보면 2000년 전후와 현재에 엄청난 차이가 있다. 1990년대 후반에서 2000년대 초까지 우리나라의 정기예금 금리는 10퍼센트를 넘었다. 1998년도에는 은행 기준으로 연 13퍼센트의 금리를 보장했다. 증권사의 경우에도 1억 원을 맡기면 1년에 1천만 원

의 이자를 지불했다. 그 시절에는 정년을 보장받았고 임금인상률도
높은데다 퇴직금도 넉넉했다.

지금은 어떠한가?

2014년 현재 은행 예금금리는 2.2~2.3퍼센트다. 그것도 세금을
떼고 나면 2퍼센트에 불과하다. 이건 은행에 1억 원을 맡기면 1년에
200만 원의 이자가 나온다는 얘기다. 무려 5분의 1로 확 줄어든 셈
이다. 평균 근속연수는 5.8년이고 푼돈으로 자꾸 소진하면서 임금상
승률은 오히려 깎이고 있다. 더욱이 퇴직금이라는 건 아예 남아 있
지도 않다. 국민연금 소득 대체율은? 현재 평균 14.4퍼센트다.

그럼 도대체 노후에는 무얼 먹고사느냐고? 스스로 준비하되
정답은 퇴직연금뿐이다.

중산층 샐러리맨의 비애

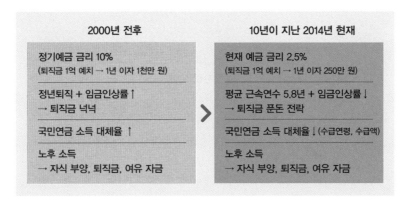

이미 퇴직연금에 가입한 사람도 있을 것이고, 퇴직연금의 개념을 처음 듣는 사람도 있을 것이다. 벌써 90조의 기금을 확보한 퇴직연금은 2016~2017년이면 약 150조까지 늘어날 전망이다. 우리나라 국민연금이 현재 390조 정도이므로 이는 굉장히 큰 기금이라고 할 수 있다. 세계 3대 기금 중 하나가 국민연금인데, 퇴직연금은 아마 그다음으로 규모가 클 것이다.

퇴직연금의 기본 구조를 간단하게 설명하면 이렇다.

일단 사용자(회사)가 사전에 근로자들의 퇴직금에 해당하는 금액을 사외 금융기관에 예치해 운용한다. 그러다가 근로자가 회사를 그

퇴직연금제도의 개념적 구조

① 근로자 퇴직전 미리 현금으로 적립
② 회사가 아닌, 신뢰 있는 금융기관에 예치
④ 금융기관이 직접 지급

사용자
(회사)

사외 예치

(DB)

금융기관
(증권, 은행, 보험)

적립금 운용

지급

(DC)

근로자
(가입자)

③ 전문투자자인 금융기관이 적립금 운용 consulting

만두면 금융기관이 퇴직금을 직접 지급한다. 이것은 기존의 퇴직금과 어떤 차이가 있을까? 기존에는 그냥 회사가 돈을 갖고 있다가 근로자가 퇴직하면 지불했다. 그러다 보니 회사가 마음대로 체불하거나 회사 청산으로 근로자가 퇴직금을 지급받지 못하는 폐단이 발생했다. 결국 근로자의 수급권을 보장하기 위해 연금제도를 마련한 것이다.

이러한 퇴직연금은 적립금 운용 주체가 누구이고, 누가 책임감 있게 운용하느냐에 따라 크게 DB형과 DC형으로 나뉜다.

먼저 확정급여제도인 DB형에서는 퇴직금이 사전에 정해져 있다. 가령 내가 10년을 근무하고 그만둘 경우 내 퇴직금은 퇴직하는 시점의 내 임금과 근속연수를 곱해 지급한다고 사전에 정해둔 것이 확정급여제도다. 이것은 기존의 퇴직금 제도와 100퍼센트 똑같은 구조로 내 퇴직금을 회사가 책임지고 운용하는 제도다. 한마디로 사용자 책임형이지만 기존의 퇴직금과 달리 사외에 예치해 수급권을 보장해준다.

그다음으로 확정기여제도인 DC형에서는 사용자가 근로자에게 납입하는 금액이 확정되어 있다. 우리나라 근로퇴직법은 연간 임금 총액의 12분의 1 이상 금액, 다시 말해 1년 근무하면 한 달 치를 퇴직금으로 주라고 되어 있다. 회사가 한 달 급여를 내 계좌에 넣으면 내 퇴직금을 근로자 본인이 직접 운용하는 제도다. 일명 가입자 책임형이다. 따라서 본인이 퇴직금을 잘 운용할 경우 기존 퇴직금보다

사용자(회사)가 운용하는 DB 제도

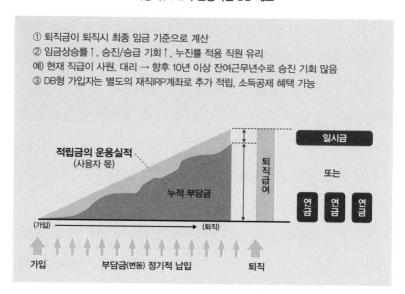

① 퇴직금이 퇴직시 최종 임금 기준으로 계산
② 임금상승률↑, 승진/승급 기회↑, 누진률 적용 직원 유리
예) 현재 직급이 사원, 대리 → 향후 10년 이상 잔여근무년수로 승진 기회 많음
③ DB형 가입자는 별도의 재직IRP계좌로 추가 적립, 소득공제 혜택 가능

적립금의 운용실적
(사용자 몫)

누적 부담금

퇴직급여

일시금

또는

연금 연금 연금

(가입) (퇴직)

가입   부담금(변동) 정기적 납입   퇴직

가입자(근로자)가 직접 운용하는 DC 제도

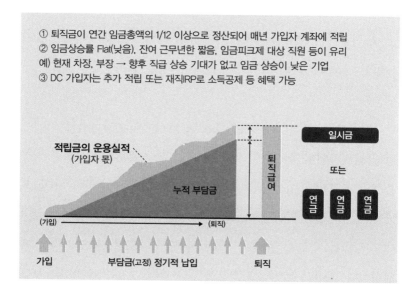

① 퇴직금이 연간 임금총액의 1/12 이상으로 정산되어 매년 가입자 계좌에 적립
② 임금상승률 Flat(낮음), 잔여 근무년한 짧음, 임금피크제 대상 직원 등이 유리
예) 현재 차장, 부장 → 향후 직급 상승 기대가 없고 임금 상승이 낮은 기업
③ DC 가입자는 추가 적립 또는 재직IRP로 소득공제 등 혜택 가능

적립금의 운용실적
(가입자 몫)

누적 부담금

퇴직급여

일시금

또는

연금 연금 연금

(가입) (퇴직)

가입   부담금(고정) 정기적 납입   퇴직

많이 가져가고, 반대의 경우에는 덜 받는 것이 확정기여제도다.

너무 선택지가 좁다고? 걱정 마시라. 우리나라에서는 2013년 7월부터 앞의 두 가지보다 좀 더 진화한 혼합형 제도를 시행하고 있다. 이해를 돕기 위해 예를 들어 보겠다.

가령 A기업이 노사가 합의해서 퇴직금 명목의 50퍼센트를 사용자가 책임지는 DB형 제도에 가입한다면 이것은 확정 금액을 확보하는 방법이다. 나머지 절반을 근로자 책임형인 DC형에 가입할 경우 근로자들은 이 돈을 직접 운용해 추가수익을 올릴 수 있다.

DB형 제도는 회사가 100퍼센트 책임지고, DC형 제도는 근로자 본인이 100퍼센트 책임을 진다. 그러다 보니 어느 일방이 몽땅 책임

책임을 나누는 혼합형(DB+DC) 제도

① 회사(사용자)가 둘 이상의 퇴직연금제도를 설정하여 가입자가 확정급여형(DB)와 확정기여형(DC)제도를 동시에 가입할 수 있는 형태
예) A기업이 노사가 합의하여
 – 사용자 책임형 DB(50% 비율) ⇒ 확정금액(퇴직금)
 – 가입자 책임형 DC(50% 비율) ⇒ 가입자 적극적인 운용으로 추가 수익 추구
② 혼합형 가입자는 DC 제도에 추가 납입하거나 재직IRP를 통해 소득공제 혜택 가능

1명의 가입자가 2가지 퇴직연금제도를 동시에 가입

확정급여형(DB) x 확정급여형 설정비율	+	확정기여형(DC) x 확정기여형 설정비율

(단, 가입 비율은 가입자별이 아니라 단체별로 정하여 시행할 수 있음)

지는 것이 부담스러워 책임을 분담하자는 의미에서 나온 것이 혼합형 제도다. 한 명의 가입자가 두 가지 퇴직연금제도를 동시에 운용하는 것이라고 보면 이해가 쉽다.

여기서 하나만 더 살펴보자. 그것은 은퇴 전용 통장인 IRP계좌다. 혹시 들어보았는지 모르겠지만 예전에는 이것을 IRA라고 불렀다. 미국에서는 IRP가 굉장히 활성화되어 있는데 우리나라도 2017년이면 공무원, 군인 등 전 국민이 기본적으로 하나 정도는 가져야 한다.

은퇴 전용 통장 IRP계좌 활용

IRP계좌에는 크게 두 종류가 있다.

하나는 이·전직을 할 때 받는 퇴직 일시금으로, 이것을 넣어두는 은퇴 전용 계좌를 '통산 IRP'라고 한다. 다른 하나는 DC형이나 DB형 가입자가 여유 자금을 추가로 납입해 운용하는 계좌로 '재직 IRP'라고 한다. 여유 자금이 있을 때 IRP에 연간 1,200만 원까지 추가 적립할 수 있다. 연간 1,200만 원을 넣으면 연말정산을 할 때 2015년부터 700만 원까지 소득공제를 해준다. IRP계좌는 여러모로 장점을 갖추고 있다. 이에 따라 국가에서든 세법에서든 실질적으로 IRP계좌를 통해 연금을 수령하게 해서 이 계좌로 노후 소득을 불려나가도록 유도하고 있다.

은퇴전용통장 IRP계좌 활용

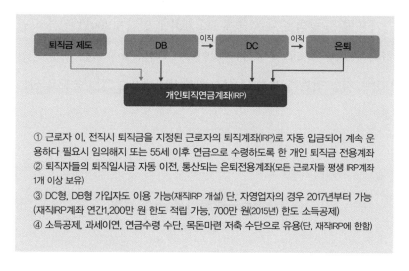

① 근로자 이, 전직시 퇴직금을 지정된 근로자의 퇴직계좌(IRP)로 자동 입금되어 계속 운용하다 필요시 임의해지 또는 55세 이후 연금으로 수령하도록 한 개인 퇴직금 전용계좌
② 퇴직자들의 퇴직일시금 자동 이전, 통산되는 은퇴전용계좌(모든 근로자들 평생 IRP계좌 1개 이상 보유)
③ DC형, DB형 가입자도 이용 가능(재직IRP 개설) 단, 자영업자의 경우 2017년부터 가능 (재직IRP계좌 연간1,200만 원 한도 적립 가능, 700만 원(2015년) 한도 소득공제)
④ 소득공제, 과세이연, 연금수령 수단, 목돈마련 저축 수단으로 유용(단, 재직IRP에 한함)

우선 IRP계좌는 기본적으로 소득공제 범위가 넓다. 2015년부터 700만 원의 소득공제를 해주기 때문에 내가 불입한 금액의 12퍼센트를 그냥 현금으로 넘겨받는다. 발생한 소득에 대해 세금을 떼지 않는다는 얘기다. 이처럼 세금을 떼지 않고 나중에 내가 수령할 때 저리로 받는 것을 과세이연이라고 한다. 이는 연금 수령 이자 곧 목돈 마련 수단이다.

현재 은행에 가면 1년짜리 정기예금에 이자를 2.2~2.3퍼센트밖에 주지 않는다. 반면 IRP계좌에서는 세금을 떼지 않고 은행보다 높은 이자를 준다. 심지어 펀드에 투자할 경우에도

IRP계좌에서 투자하면 신탁 보수가 3분의 1 정도 싸다.

가장 좋은 방법은 재직 중에 IRP계좌에 연간 1,200만 원까지 납입해서 효율적으로 운용하는 것이다. 그러다가 퇴직한 이후 통산 IRP로 자동 전환해 계속 모은다. 원래 IRP계좌는 그런 용도로 만든 것이다.

퇴직연금 포트폴리오 구성 요령

연금에서 가장 중요한 것은 돈을 잘 불리는 일이다. 즉, 기존의 퇴직금보다 더 많이 받을 수 있는 방법을 찾아야 한다. 연금에서는 무엇보다 '적립금을 어떻게 운용하느냐'가 중요한 메커니즘이다.

먼저 자신의 투자 성향에 맞게 포트폴리오를 짜야 한다. '나는 어떻게 운용하겠다' 하고 포트폴리오를 한 번 짜면 보통은 장기간 그 상태를 유지한다. 실제로 자주 사고파는 것은 위험한 일이다. 일단 선택을 했다면 일정 기간 보유한 뒤 성과를 평가하는 자세가 바람직하다. 특히 퇴직연금의 경우에는 작은 변화에 일희일비하면 안 된다.

사람들은 대부분 일상생활과 업무에 쫓겨 내 퇴직금 사정을 일일이 체크하기가 어렵다. 그러므로 처음에는 금융기관 직원을 통해 내 퇴직금을 어떻게 운용하는 것이 좋은지 상담을 받는 것이 좋다. 그런 다음 퇴직 포트폴리오를 세팅한다.

사람의 성향은 본래 다양하지만 넓게 두 가지로 나눠 간단히 살펴보자.

만약 내가 보수적인 투자자라면? 1원이라도 손해를 보면 다리를 쭉 뻗고 잠을 잘 수 없는 보수적인 투자자는 확정금리상품 중심으로 복리 투자를 해야 한다.

반대로 내가 공격적인 투자자라면? 적립식 펀드도 투자해본 경험이 있고 좀 더 공격적으로 해보고 싶다면 확정금리상품 비중보다 실적배당상품, 즉 펀드 투자를 늘려야 한다.

퇴직연금은 일단 본인이 입사해서 퇴직할 때까지 장기간 운용하는 특성이 있다. 따라서 무관심하게 방치하면 자신의 퇴직금이 어디로 어떻게 흘러가고 있는지 알지 못한다. 그럼 어떻게 해야 하느냐고? 한마디로 자산배분을 해야 한다. 즉, 확정금리상품과 실적배당상품을 적절히 조합해 자신의 포트폴리오를 짜야 한다. 특히 실적배당상품은 적립식 투자방식으로 장기 투자하는 것이 정답이다.

20대와 30대는 퇴직할 때까지 투자기간이 굉장히 길기 때문에 이들은 펀드 비중을 많이 늘리는 것이 바람직하다. 투자기간이 길면 변동성이 그만큼 줄어들기 때문이다. 50대로 은퇴가 가까운 사람은 현금흐름이 발생해야 하므로 안정성 위주로 자금을 운용하는 것이 좋다. 그런데 노후 준비를 못한 40대와 50대가 오히려 조급한 마음에 공격적으로 운용하는 경우도 많다.

투자는 결국 자기 책임이므로 신중하게 선택해야 한다. 실적배당 상품의 관건은 '어떤 투자비율로 관리하는가'에 있다. 일반적으로 100에서 자신의 나이를 뺀 숫자를 '적정한 위험 자산 투자비율'로 본다. 예를 들어 투자기간이 긴 20대의 경우 100에서 20을 빼면 80퍼센트이므로 주식 편입 비율이 조금 많은 상품에 투자한다. 반면 50대라면 50퍼센트 내외의 위험 자산에 투자하는 것이 리스크를 분산하면서도 적절하게 운용하는 포트폴리오다.

퇴직금은 기본적으로 최후의 보루자금이다. 내가 깨달은 철칙을 여러분도 철칙으로 삼았으면 좋겠다. 그것은 '다른 것은 다 건드려도 퇴직금은 절대 건들지 않는다'는 거다! 설령 우리가 직장을 뛰쳐나오더라도 종자돈, 즉 기초 자금이 있어야 무언가를 할 수 있다. 정말로 특별한 경우가 아니면 퇴직금은 절대로 깨면 안 된다. 퇴직금은 오래 묵혀둘수록 유리하다. 특히 직장인들은 중도 인출의 유혹에서 벗어나 퇴직금을 평생 월급 통장이라고 생각해야 한다. 그 평생 월급 통장이 사라지면 노후는 완전히 막막해진다.

불리는 것보다 잘 지키는 것이 중요하다

아내의 음식이 맛이 없을 때, 남편의 반응은 세대별로 다르다.

20대는 아내의 음식이 맛이 없어도 맛있는 척하며 먹어준다. 먹지 않으면 아내가 그대로 갖다 버리기 때문이다. 30대는 스스로 간을 맞춰서 먹는다. 40대는? 배달 음식으로 때운다. 50대는? 아예 밖에서 먹고 들어온다. 그럼 60대 이상은 어떨까? 밥을 물에 말아서 대충 넘겨버린다. 그렇게 살지 않으려면 잘 준비해야 한다.

우리나라가 퇴직연금제도를 도입한 지 벌써 10년이 지났지만 항간에는 여전히 이런저런 오해가 많다. 퇴직연금제도 도입 이후 특히 노조 쪽에서 얘기들이 많았다. 그중에서도 점점 고갈되는 국민연금이나 공무원연금 기금을 퇴직연금으로 메우려고 도입했다는 소문이 대세였다. 하지만 공적연금인 국민연금과 사적연금인 퇴직연금은 성격이 전혀 다르고 연계성도 없다. 분명히 말하지만 퇴직연금은 사적연금이다.

또 다른 소문은 허약한 우리나라 금융 시장을 부양하기 위해 퇴직연금을 활성화하려 한다는 것이다. 특히 펀드 투자를 유도하려 한다는 말이 있다. 100퍼센트 틀린 말은 아니지만 엄밀히 따져 공적연금만으로 내 노후를 준비할 수는 없다. 더구나 예금 등의 확정금리상품처럼 은행에 돈을 맡기고 이자로 살던 시대는 지나갔다.

우리의 미래를 보여주는 일본의 경우 은행의 적금 금리가 얼마인지 아는가? 10년짜리가 0.37퍼센트다. 그야말로 거의 0퍼센트에 수렴하는 수준이다. 우리나라는 현재 2.2~2.5퍼센트인데 장기적으로 우리나라도 금리가 굉장히 낮아질 수밖에 없다.

현 시점에서는 돈을 불리는 것보다 잘 지키는 것이 중요하다.

우리의 제1목표는 바로 리스크 관리다. 일본은 펀드의 기대수익률이 3~5퍼센트라고 한다. 주식형 펀드에 투자할 때 기대하는 수익률 자체가 3~5퍼센트밖에 안 된다는 의미다. 우리나라는 아직도 기대수익률이 굉장히 높은 편이다. 펀드를 해도 10~20퍼센트를 기대하는데 이제는 투자에 대한 기본적인 사고부터 조금 바꿀 필요가 있다.

은행이 망해도 퇴직연금은 안전하다

퇴직금은 사적 연금 시장과 금융 시장의 활성화는 물론 선순환 구조를 정착시켜야 늘어난다. 그런데 개중에는 퇴직금을 금융기관에 맡기는 것을 불안해하는 사람들도 있다. 사실 퇴직금은 제도적, 시스템적으로 금융기관의 고유계정과 신탁계정으로 관리하므로 걱정할 필요가 없다. 설령 내 퇴직금을 맡긴 금융기관이 망할지라도 퇴직연금은 안전하다. 망한 금융기관의 고유계정과 분리해서 관리하도록 법으로 규정하고 있기 때문이다. 회사가 망하더라도 퇴직연금만큼은 100퍼센트 보장하는 것도 법적으로 기약이 되어 있다.

원리금 보장상품은 1인당 5천만 원까지 예금자를 보호해준다. 전에는 기존 예금과 합쳐 5천만 원을 보장했지만 지금은 퇴직연금만으로 5천만 원까지 예금자를 보호한다. 물론 DC형, IRP, 개인만 보장을 해준다. 즉, 법인은 예금자 보호를 받을 수 없다.

더 흥미로운 것은 개인파산으로 가압류가 들어와도 퇴직금의 50퍼센트는 본인에게 제공한다는 점이다. 퇴직할 때 금융기관이 직접 지급하므로 떼일 염려가 없다. 물론 한 금융회사 상품만으로는 문제가 생길 수 있으니 다른 회사 상품에도 골고루 투자하는 원칙이다. 2015년 7월부터는 자기 회사 상품만 사용할 수 없으며 외부 금융기관의 상품도 담게 해 안전하게 관리한다.

퇴직연금은 크게 부담금을 납입하는 단계, 운용하는 단계 그리고 수령하는 단계로 나뉜다. 퇴직연금을 금융기관에 납입할 때는 세금을 떼지 않고 원금 그대로 납입하기 때문에 굉장히 유리하다. 적립금 운용 단계에서도 이자 및 배당소득에 대해 세금을 떼지 않는다. 원리금 상태 그대로 복리투자를 해주는 것이다. 퇴직금을 수령할 때는 세금을 떼는데 일시금으로 받으면 퇴직소득세를, 연금으로 받으면 3~5퍼센트의 연금소득세를 저리로 취급한다. 만약 여유자금을 추가 납입하면 2015년부터 700만 원까지 소득공제를 해준다.

퇴직금은 기본적으로 퇴직할 때 일시금으로 수령한다. 55세 이후 연금으로 수령할 수도 있다. 국민연금은 보통 60세 이후에 수령하기 때문에 55세에 퇴직하면 5~7년의 소득 정체기가 발생한다. 그때 퇴직금을 연금으로 수령하면 요긴하게 쓸 수 있다.

퇴직금은 절대로 중도에 인출하면 안 된다. 정말로 어쩔 수 없는 상황이 발생하면 중도 인출을 해주는데 여기에는 다섯 가지 사유가 있다. 우선 무주택자인 가입자 본인이 집을 살 경우 중도 인출을 100퍼센트 해준다. 본인의 직계가족이 6개월 이상 요양할 경우, 회생 절차 개시 결정을 받은 경우, 개인 파산 선고를 받은 경우, 천재지변이 있는 경우에도 100퍼센트 중도 인출을 해준다. DB, DC 등 일부 상품에서는 담보대출도 가능하다. 그렇지만 어떤 경우에도 퇴직연금은 건드리지 않는 것이 노후를 대비하는 길이다.

퇴직연금 관리 성공비결 세 가지

어떻게 해야 퇴직연금을 효과적으로 운용할 수 있을까? 어떻게 해야 투자에 성공할 수 있을까?

첫째, 첫술에 배 부르려 해서는 절대 안 된다. 눈덩이가 뭉쳐질 때까지 견뎌야 한다. 처음 퇴직연금을 도입하면 많은 직원이 어떻게 운용하든 마음대로 하라며 무관심하다. 그러지 말고 처음 4~5년은 적립식 투자를 해서 눈덩이를 만들어야 한다. 눈덩이를 만들어야 눈사람을 만들기가 쉽다.

둘째, 친구 따라 강남 가지 마라. 펀드에 투자해서 25퍼센트의 수익이 났다는 식의 말에 솔깃해서는 안 된다. 투자 성향은 본인만 알 수 있으므로 자신의 투자 성향과 원칙에 따라 일관성 있게 운용해야 한다. 확신이 없는 분야에 투자하면 깨지기 십상이다. 특히 지금은 자금을 불리는 시절이 아니라 리스크를 잘 관리해야 하는 시기다. 자칫하면 한 방에 훅 갈 수 있으므로 블랙 스완 현상(어떤 예상치 못한 강력한 변수가 경제에 큰 충격을 주는 현상)에 주의해야 한다.

셋째, 회사가 교육 기회를 많이 주고 근로자의 관심을 제고한다. 단기성과에 일희일비하지 말고 효율적인 투자 관리 서비스를 적극 활용하는 것도 중요하다. 특히 첫 포트폴리오를 작성하는 것은 무척 중요하다. 가령 실적배당상품을 선택했다면 일등 펀드, 대표 펀드, 랜드마크 펀드만 한다. 퇴직연금만 해도 600개나 되지만 다 볼 필요 없이 대표 퇴직연금만 봐야 한다. 주식에도 1등 주식이 있는데 2등, 3등 주식을 볼 필요가 어디 있는가.

여유자금 '무조건 12%+α' 투자법

내 경험담을 들려주겠다. 나는 펀드로만 8년 정도 운용해서 32퍼센트의 수익을 냈는데 액수가 7천만 원 정도다. 노후자금 플랜은 퇴직연금으로 충분하다고 생각한다. 그래서 퇴직연금으로 몇 년 더 투자해 1억 이상 만들고, 그다음엔 회사의 주식소유제(ESOP)를 통해 갖게 된 주식 6,800주로 1억 정도를 만들 계획이다.

내가 다니는 회사는 2006년 9월 DC형 제도를 시작했고 3, 6, 9, 12월 분기별로 부담금을 계좌에 넣어준다. 나는 투자 성향이 굉장히 신중하고 보수적인 타입인데 그 관리 방식을 간단하게 소개하겠다.

2006년 9월, 확정금리상품에 60퍼센트를 넣고 나머지 40퍼센트는 펀드 두 개에 넣었다. 그렇게 묻어두고 잊고 있다 보니 2011년에 코스피가 2,200이 넘어갔다. 이때 펀드 두 개를 다 팔았다. 목표수익률을 25퍼센트로 잡았는데 펀드에서 25퍼센트가 나서 과감하게 판 것이다. 그런 다음 100퍼센트 확정금리상품으로 전환했다. 그러다가 2013년 5월 코스피 1,800이 무너져서 80퍼센트를 펀드로 담고 20퍼센트를 확정금리로 담았다. 2014년 들어 다시 20퍼센트까지 모두 펀드로 바꿔놓았다.

특히 나는 소득공제를 받기 위해 매달 급여에서 자동이체로 퇴직연금계좌에 30만 원씩 들어가게 해놓았다. 이것을 2015년에는 60만 원으로 늘릴 예정이다. 이렇듯 나는 일상생활에 충실하면서 퇴직연금 하나에 몰아 관리할 생각이다.

직장인이 1년에 저축할 수 있는 금액은 얼마나 될까? 사실은 500만 원도 저축하기가 힘들다. 다행히 퇴직연금은 2015년부터 700만 원까지 소득공제를 해준다. 퇴직연금에 가입했다면 DB는 재직 IRP를 통해, DC는 추가 적립으로 제도를 활용하는 것이 좋다. 연말정산할 때는 납입금액의 12퍼센트를 그대로 돌려준다. 700만 원을 납입했을 경우 84만 원을 현금으로 돌려받는다는 얘기다. 물론 운용

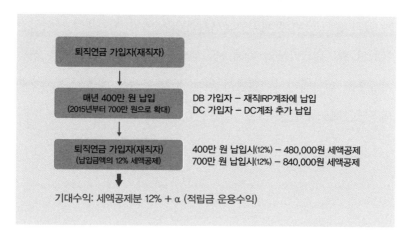

여유자금 "무조건 12% + α" 투자법

퇴직연금 가입자(재직자)

매년 400만 원 납입
(2015년부터 700만 원으로 확대)
DB 가입자 – 재직IRP계좌에 납입
DC 가입자 – DC계좌 추가 납입

퇴직연금 가입자(재직자)
(납입금액의 12% 세액공제)
400만 원 납입시(12%) – 480,000원 세액공제
700만 원 납입시(12%) – 840,000원 세액공제

기대수익: 세액공제분 12% + α (적립금 운용수익)

수익률은 덤이다. 기대수익은 세액공제분 12퍼센트에 적립금 운용 수익까지 없는 좋은 투자방법이므로 여유자금이 있으면 IRP계좌를 최대한 활용해야 한다.

간단히 정리해보자.

- 노후대비는 간단하게 접근한다.
- 연금 3종 세트를 기본으로 삼는다.
- 퇴직연금은 불리기보다 모아간다. 또 깨지 말고 끝까지 지킨다.
- 최초의 포트폴리오는 본인의 성향에 맞게 최적으로 짠다.

글로벌 기업은 모두 연금을 그렇게 활용한다. 일본 도쿄전력은 일과 삶의 균형을 위해 퇴직연금제도를 도입했고, 제약회사 화이자는 핵심인재를 붙잡아두기 위해 연금제도를 적극 활용한다. 일본 히타치그룹도 인사관리시스템에서 임금 상향 조정에 대한 인센티브로 퇴직연금제도를 활용한다.

2015년 성공적인 퇴직연금 투자를 위해
반드시 알아야 할 질문과 답변

개인연금과 퇴직연금 중 어느 것이 유리한가? 50대 중반인 사람은 국민연금 외에 어떤 상품에 어떤 전략으로 임해야 하는지 궁금하다.

퇴직연금보다 개인연금을 활용하는 것이 유리하다. 개인연금은 은행에서 확정금리 상품에 가입하는 방법도 있고 증권회사에서 펀드 형태로 운용하는 방법도 있다. 향후 3~5년 장기로 운용할 수 있다면 채권혼합형이나 주식형 형태의 개인연금에 가입하는 것이 좋다.

앞서 운용사별로 일등 펀드, 대표 펀드, 랜드마크 펀드를 말했는데 대표 펀드 가 무엇인지 궁금하다.

일반적으로 대표 펀드는 가치주, 성장주, 배당주로 나뉜다. 예를 들어 가치주 펀드에서 1등이 어디냐고 물으면 누구나 한국밸류10년을 추천한다. 배당주에서 1등은 신영자산운용이나 KB자산운용의 배당상품을 추천한다. 성장주는 코리아대표40같은 펀드가 있다.

아까 말한 700만 원 소득공제는 퇴직연금만 해당하는 것인가?

2014년까지는 개인연금과 합쳐 통합 400만 원이었지만, 2015년부터는 퇴직연금에 추가적으로 300만 원을 더 인정해준다.

직장생활을 10년 넘게 했는데 사실 개인연금만 생각했지 이쪽은 전혀 알지 못했다. 개인연금보다 퇴직연금에 더 집중해야 하는가? 그리고 퇴직연금에서 펀드를 이처럼 자유롭게 판매하고 있는 줄 몰랐는데 추가 설명을 부탁한다.

일단 개인연금을 유지하고 있다면 절대 깨지 마라. 깰수록 손해다. 지금 다니는 직장이 퇴직연금제도를 도입했는지 하지 않았는지 모르겠다. 도입했을 경우 DB형 제도라면 별도의 재직 IRP계좌를 만들 수 있다. 금융기관의 재직 IRP계좌로 추가 불입해서 운용하면 된다. DC형 제도를 도입한 사업장이라면 추가 불입을 통해 소득공제를 받을 수 있다. 직장이 아직 퇴직연금을 도입하지 않았다면 도입하는 시점에 IRP계좌나 추가 불입을 활용하는 것이 좋다.

회사에서 DB형을 불입해도 재직자가 재직 IRP를 추가로 불입할 수 있다고 했는데 개인도 가능한가.

개인도 가능하다. 회사가 불입하는 DB형은 회사가 처리하는 것이므로 내가 관여할 수 없다. 내가 소득공제를 받고 싶다면 추가로 재직 IRP를 만들면 된다. 회사와 아무 관계없이 은행이든 증권이든 보험사든 찾아가 IRP를 만들면 2015년부터 700만 원까지 소득공제를 받는다.

.

교사에게는 교원공제가 있는데 그것도 퇴직연금에 해당하는가?

퇴직연금이 아니며 해당되지 않는다. 2017년에 공무원, 군인, 자영업자도 IRP에 가입하도록 그 범위를 확대할 예정이다.

이제까지 개인연금으로 400만 원의 소득공제를 받고 있었다면 2015년부터 퇴직연금으로 300만 원만 추가로 가입하라는 말인가.

그렇다.

사회 초년생인데 펀드는 몇 번 주기로 리밸런싱(re-balancing)해야 하는가?

처음 펀드에 투자하는 사람의 입장에서는 당연히 관리를 해야 한다. 최초에 세팅을 잘하는 것이 무엇보다 중요하다. 일등 펀드, 대표 펀드로 세팅해야 한다. 일등 펀드는 대부분의 자산운용사가 자기 회사의 이름과 명예를 걸고 관리하기 때문이다. 일단 그런 것을 중심으로 선택하라. 물론 어느 단계에서는 무너질 수도 있는데, 그때는 분기별로 보내주는 운용 현황 보고서를 참조한다. 기본적으로 분기나 반기 단위로 한 번씩 리뷰하는 것이 좋다.

글로벌 전망 **05**

짐 로저스

로저스홀딩스 회장. 1969년 조지 소로스와 글로벌 투자사 '퀀텀펀드'를 공동설립한 후 10년 간 4,200%의 경이적인 수익률을 올린 그를 두고 세계 언론은 '월가의 투자 귀재'이자 '살아 있는 경제 구루'로 수식한다. 37세에 공식적으로 은퇴를 선언한 뒤 컬럼비아 경영대학원에서 재무학을 가르쳤고, WCBS와 FBB 등에서 금융관련 방송을 진행했다. 미국 이후 세계 경제의 주도권이 아시아로 넘어오리라 전망하는 그는 2007년 아내와 두 딸을 데리고 싱가포르로 이주해 정착했다. 지은 책으로《세계경제의 메가트렌드에 주목하라》《상품시장에 투자하라》《월가의 전설, 세계를 가다》《어드벤처 캐피털리스트》《백만장자 아빠가 딸에게 보내는 편지》《불 인 차이나》등이 있다.

2015년 세계 경제: 나는 이렇게 투자한다

짐 로저스, 로저스홀딩스 회장

21세기는 아시아의 시대

　몇 년 전 나는 아내(당시 약혼녀)와 함께 3년 동안 116개국, 24만 5,000킬로미터를 여행해 기네스북에 올랐다. 그러니까 나는 전 세계를 자동차로 여행한 세계 최초의 헤지펀드 매니저다. 당시 우리는 아이슬란드를 시작으로 유럽과 터키를 거쳐 중국, 한국, 일본, 시베리아, 몽골, 러시아를 여행한 다음 다시 유럽으로 갔다. 이후 아프리카 32개국과 남미, 중앙아메리카, 알래스카를 거쳐 미국으로 돌아왔다. 그렇게 116개국을 여행한 후 집에 돌아와 딸을 낳았다. 그 이전까지만 해도 나는 절대로 아이를 낳지 않으리라 생각했고 심지어 아이를 낳은 사람들을 안타깝게 여기기도 했다. 그런데 내가 틀렸다. 아이가 어찌나 큰 기쁨을 주는지 24시간 함께 있어도 모자랄 지경이다.

그럼 지금부터 나와 함께 세계 일주를 해보자.

먼저 21세기에 가장 중요한 국가로 떠오르는 중국부터 시작해보자. 우리가 원하든 원치 않든 중국은 21세기의 세계 경제에서 중요한 위치를 차지한다. 그런 의미에서 지리적으로 중국에 인접한 한국은 아주 유리하다고 볼 수 있다.

내겐 두 딸이 있는데 2년 전에 우리는 아시아로 이사했다. 21세기는 아시아의 시대가 될 것이라고 믿기 때문이다. 19세기는 영국의 시대, 20세기는 미국의 시대였다면 21세기는 중국과 아시아의 시대일 것이다. 감사하게도 한국은 가장 좋은 입지에 있다. 물론 중국이 강자로 부상하고 중국의 시대가 열리려면 여러 가지 문제를 해결해야 한다. 어느 국가든 부상할 때는 몇 가지 도전 과제를 경험하게 마련이다. 중국도, 한국도 마찬가지다. 확실한 것은 한국이 적시적소에 있다는 사실이다.

나는 5년 안에 남북통일이 이뤄지리라고 본다. 그러면 한국은 세계에서 가장 흥미진진한 나라로 떠올라 10여 년간 그 입지를 이어갈 가능성이 크다. 통일 이후 한국은 중국과 국경이 맞닿으면서 저렴하고 좋은 노동력을 확보하는 것은 물론, 북쪽에서 많은 천연자원을 활용할 수 있다. 아울러 한국은 이미 좋은 기술을 확보하고 있다. 현재 나는 한국의 한 곳에 투자하고 있고 더 투자하기 위해 투자처를 면밀히 분석하는 중이다. 현재 한국은 답보 상태지만 통일을 이루면 더 좋은 소식이 들려오리라고 믿기 때문이다.

중국 투자 유망 분야

내가 최근에 투자한 또 다른 곳은 중국이다. 1년 전 북경에서 큰 회의가 열렸고, 그때 중국 지도부는 자신들이 앞으로 10~20년 동안 강조할 분야를 보여주며 "시장이 최종 결정을 하도록 하겠다"고 말했다. 이는 서구와 상당히 다른 시각이다. 미국과 유럽은 정부가 시장보다 현명하다고 믿는데 반해 중국은 시장이 더 현명하다고 본다. 이것은 상당히 발전적인 생각이다. 덕분에 중국은 더 빨리 성장할 것이고 이는 한국에 좋은 소식이다.

중국 지도부는 앞으로 금융권과 통화 거래를 개방할 거라고 강조했다. 여기에 고무된 나는 현재 중국에 있는 투자회사들을 통해 투자처를 찾는 중이다. 중국은 지금 대기와 수자원이 오염된 상태로 이는 식량에도 영향을 주고 있다. 이 때문에 중국은 많은 돈을 들여 정화 작업에 나서고 있으므로 관련 분야에 투자하기를 권한다.

철도도 우리에게 기회를 제공한다. 중국은 국토의 넓이가 미국과 비슷하지만 철도는 미국이 중국에 비해 250퍼센트나 더 많다. 앞으로 중국도 그만큼 철도에 더 많이 투자하리라고 본다.

제약과 의료 분야도 유망하다. 중국에는 지금 충분한 제약회사와 의사, 병원이 없고 중국 지도부는 이런 현실을 바꿔 나가기 위해 많은 돈을 보건 분야에 투자하고 있다. 여러분도 이 분야에 투자하기 바란다.

한 가지 추가하자면 농업 분야가 있다. 지난 35년간 중국의 도시에 사는 사람들은 부유해졌지만 농촌에 사는 사람들은 그렇지 않다. 이에 따라 중국 지도부는 농촌 지역 개발을 계속 강조하고 있다.

중국의 주식시장은 지난 6~8년간 큰 변화가 없었지만 최근 많은 움직임을 보이고 있다. 최근 주가가 너무 올라 매입하진 않았으나 시장이 안정을 이루면 나는 중국에서 주식을 많이 살 계획이다.

평가 절하된 일본과 러시아, 당장 투자하라

내가 투자하는 또 다른 지역은 일본이다. 24년 전 주식시장이 최고점에 달한 일본은 지금 꽤 어려운 상태다. 최고점에서 60~70퍼센트나 하락했으니 말이다. 나는 일본의 아베 신조 총리가 결과적으로 일본을 완전히 망칠 거라고 생각한다. 20년 후 우리는 지금을 돌아보며 "아베 총리가 일본을 망쳤구나"라고 말할 것이다.

어쨌든 지금으로서는 그가 주식시장에 좋은 일을 하고 있다. 돈을 많이 찍어내고 있지 않은가. 여기에다 세제 혜택을 줌으로써 일본인이 주식시장에 투자하도록 독려하고 있다. 연금까지도 주식시장에 투자할 수 있게 했다. 이것은 20년 후 재앙이 되겠지만 지금은 아베 총리가 주식시장에 이로운 일을 하고 있다. 나 역시 일본 주식을 매입했다.

지난 몇 년간 큰 변화가 없던 일본에서는 지금 시민과 연금이 일본의 주식을 많이 매입하고 있는데 그들이 선택하는 것은 주로 블루칩 우량주다. 덜 알려진 회사가 아니라 통신회사 NTT처럼 우량주를 선호한다는 얘기다. 현재 일본, 중국 증시는 고점 대비 60~70퍼센트 하락한 상태다. 미국은 연일 증시가 최고점을 경신중이고 2014년만 해도 마흔여덟 번이나 경신했다. 따라서 나는 미국 대신 중국이나 일본처럼 평가 절하된 증시에 주목한다.

또한 나는 러시아에도 투자하고 있다. 러시아 주식시장은 한동안 좋지 않았는데 최근 나는 러시아에 있는 한 비료 회사의 이사가 되었다. 그 이유는 내가 농업과 러시아를 낙관적으로 바라보기 때문이다. 사람들은 러시아의 주식시장을 끔찍한 재앙이라고 생각하지만 나는 사람들이 재앙이라고 생각하는 것에 투자하기를 좋아한다. 지금껏 우리는 재앙과 위기를 거의 다 극복하지 않았던가. 지난 3년간 러시아의 주가지수는 계속 낮아지고 있고 통화 가치도 떨어지는 중이다. 나는 상황이 좋지 않을 때 투자하는 것을 선호한다.

지금이 농업 투자의 적기

지난 몇 년 동안 농업 관련 주가는 계속 하락세를 보여 왔다. 30여 년간 농업은 그리 좋은 투자처가 아니었다. 미국의 경우 농부의 평균 나이는 58세고 일본은 66세다. 한국은 정확히 몇 살인지 모르겠지만 역시 고령으로 알고 있다. 이것은 최근 몇 십 년간 새로 농부가 된 사람이 많지 않다는 의미다. 캐나다에서는 농부의 나이가 역대 최고령이라고 한다. 영국의 경우 가장 높은 자살률을 보이는 사람들이 농부라는 얘기도 있다. 인도도 마찬가지다. 이것은 농업이 생계를 유지하는 데 그리 좋은 분야는 아니라는 뜻이다. 심지어 미국에서는 농업을 공부하려 하지 않는다.

그럼에도 불구하고 내가 계속 농업을 강조하는 이유는 지금이 농업에 투자하기에 매우 흥미로운 시대이기 때문이다. 농업이 없으면 우리는 가격과 상관없이 식량을 구할 수 없다. 현재 농사를 짓는 사람들의 나이는 계속 올라가고 있고 결국 식량 가

격은 비싸질 것이다. 그러면 자본과 노동을 농업 분야에 집중
하려는 움직임이 일어날 가능성이 크다.

이런 현상은 한국뿐 아니라 세계 곳곳에서 일어날 것이므로 농업
분야는 투자하기에 매우 흥미로운 분야라고 할 수 있다. 물론 나는
한국의 농업 회사를 잘 알지 못하지만 새로운 농업 분야 투자처로
한국을 연구하고 있다.

나는 비무장지대(DMZ) 바로 옆인 경기도 파주에 살고 있다. 사실 나는 아파서 입원 중인데 당신의 강연을 들으러 여기까지 왔다. 당신은 늘 통일에 대해 얘기하면서 현재 북한과 가까운 지역에 땅을 사두라고 조언한다. 나는 비무장지대 주변에 땅을 갖고 있지만 그 지역의 농지를 더 사볼까 하는데 어떻게 생각하는가.

비무장지대 근처에 땅을 보유하는 것은 굉장히 현명한 선택이다. 현재 그 지역의 땅은 상당히 평가 절하된 상태다. 전쟁을 염려하는 바람에 가격이 내려갔는데 나는 사실상 전쟁은 끝났다고 본다. 통일이 다가오고 있고 실제로 통일이 이뤄지면 비무장지대가 사라지면서 그곳의 토지 가격은 상승할 것이다. 나 역시 그 지역의 땅을 사고 싶다. DMZ 근처에 땅을 사고 싶은데 한국인이 아니라서 가능하지 않을 거라고 본다. 당신은 좋은 투자를 하고 있고 농지는 더욱더 좋다. 아주 똑똑한 선택이다.

당신은 원자재에 관해 많은 얘기를 해왔다. 그런데 요즘 유가 등 원자재 가격이 많이 내려가면서 시장이 좋지 않은 상황이다. 당신은 아직도 원자재를 유

망한 투자처로 보는가. 원자재 가격이 다시 오를 날이 올까?

나는 요즘 천연자원보다 농산물에 더 관심이 많다. 농산물은 천연자원이 아니지만 지난 30년간 어려움을 겪어왔기 때문에 앞으로 좋아질 거라고 본다. 석유의 경우 2014년은 좀 실망스러웠다. 미국, 사우디아라비아, 러시아를 보면 실망할 만한 여러 결과가 있었다. 사우디아라비아는 이란에 부담을 주는 결정을 했고, 러시아는 지정학적 이점을 살려 인위적으로 석유 시장에 개입하고 있다. 그런 탓에 석유 가격이 점점 내려가고 있지만 앞으로 상황이 좋아질 거라고 생각한다. 미국이 에너지를 많이 생산하면서 사우디아라비아가 석유 가격을 더 떨어뜨리고 있는데 이 현상은 인위적이고 일시적이다.

나는 아직 석유에 투자하지 않았고 이제 곧 투자할 생각이지만, 지금은 농산물이 더 낫다고 본다. 그래서 원자재보다 농산물 쪽에 집중하고 있다. 금이나 은 등의 귀금속에도 투자하고 있으나 몇 년간 신규 투자는 하지 않았다. 물론 앞으로 1~2년 내에 또 한 번 금이나 은에 투자할 기회가 올 거라고 생각한다. 그때 나는 많은 금과 은을 매입할 계획이다. 궁극적으로 금과 은의 가격이 굉장히 높아질 거라고 보기 때문이다. 버블이 형성될지도 모르지만 거품이 끼면 팔면 된다. 어느 정도 가격까지 기다려야 하나, 언제 팔아야 하나, 언제 사야 하나 등의 질문을 한다면 솔직히 잘 모르겠다. 보통은 시장에서 3~4년에 한 번씩 가격이 약 50퍼센트 떨어지는 조정기를 거치는데 얼마나 더 떨어질지는 알 수 없다. 금은 아직 50퍼센트의 조정기가 거의 없었다. 굉장히 오랫동안 말이다. 이것은 비정상적인 일이다. 가격이 50퍼센트 이하로 떨어질 경우 온스당 1,000달러 이하일 것이고 나는 이를 조정기로 보고 많이 매입할 것이다.

유가에 관한 당신의 전망을 말해 달라. 가격이 내려가고 있는데 얼마나 더 내려갈 거라고 보는가? 구체적으로 말해줄 수 있는가?

현재 사우디아라비아는 정치적, 지정학적인 중재 및 개입으로 석유 가격을 계속 압박하고 있다. 내가 볼 때는 미국의 시추가 느려서 분명한 윤곽이 드러나는 데 오래 걸릴 것 같다. 여기에다 사우디아라비아와의 협상 타결을 기대하기가 굉장히 어려운 실정이다. 2014년 11월 사우디아라비아와 이란이 거의 타결 직전까지 갔지만 결국 타결하지 못했다. 지금 협상이 7개월 동안 지연되고 있다. 아직까지는 러시아나 우크라이나 사태도 개선의 기미가 보이지 않는다. 나는 이란과 미국의 협상, 미국과 러시아 간의 협상에 주목하고 있다. 협상 타결로 돌파구를 마련하면 그때부터 석유 가격은 더 이상 내려가지 않을 거라고 본다.

시장에서 가격은 오르기도 하고 내리기도 하는데, 오를 때는 생각보다 많이 오르고 내릴 때는 생각보다 많이 내려간다. 특히 석유는 지정학적 문제가 얽혀 있어서 예상하기가 굉장히 어렵다. 질문자도 나도 전망은 비슷할 거라고 생각한다. 우리는 경제보다 정치적인 부분에 주목해야 한다. 현재 석유는 시추 및 생산 가격 대비 전혀 경제적이지 않다. 이미 미국에서는 문제가 불거지고 있고 특히 해상 시추를 조금씩 중단하고 있다. 이 정도 원유 가격은 경제적으로 타산이 맞지 않기 때문이다. 지금의 유가는 거의 최저치인데 문제는 우리가 경제가 아니라 정치적인 부분을 지켜봐야 한다는 점이다. 무엇보다 러시아, 미국, 이란의 관계를 보아야 한다.

글로벌 보험 시장의 전망이 궁금하다.

생명 보험을 말하는 건가 아니면 부동산 보험, 일반 보험, 건강 보험, 화재 보험인가? 그것도 아니면 전반적인 보험에 관한 것인가? 그냥 보험 전반에 관해 답하겠다.

보험은 그 종류가 굉장히 다양한데 나는 보험의 전망을 낙관적으로 본다. 물론 지금은 대다수 보험사가 어려움을 겪고 있다. 금리가 인위적으로 낮아진 상태이기 때문이다. 세계 주요 중앙은행이 돈을 많이 찍어내 금리를 떨어뜨리고 있다. 그것도 아주 낮게 말이다. 이 저금리는 투자하는 사람들에게 좋지 않은 영향을 미친다. 전 세계적으로 미래를 위해 투자 및 저축하는 사람들은 정부가 금리를 떨어뜨리는 바람에 큰 손해를 보고 있다. 연·기금과 보험회사는 물론 장기 저축, 미래를 위한 저축을 한 사람 혹은 기관이 타격을 받고 있다. 앞으로 몇 년에 걸쳐 금리가 다시 오를 텐데 이는 저축과 투자하는 사람들에게 긍정적이다. 보험회사도 마찬가지다. 따라서 보험회사 주식은 팔기보다 사는 것이 맞는다고 생각한다. 물론 회사마다 다르겠지만 금리가 조금 올라가면 보험회사들의 수익은 개선된다. 연·기금도 마찬가지다.

당신이 〈조선일보〉와 인터뷰한 내용을 보면 '5년 내에 통일이 이뤄질 것'이라고 강조했다. 그 5년이라는 추측의 근거는 무엇인가.

그 질문을 해줘서 고맙다. 한국이나 미국 정부가 하는 얘기 중에는 틀린 것도 있어서 개인적으로 잘 살펴야 한다. 지난 60년 동안 재난 수준의 어려움을 겪은 북한은 최근 3년 동안 많은 것이 바뀌었다. 지금 급격히 변화하는 북한의 지배자 김정은은 스위스에서 자랐다. 그는 할아버지나 아버지가 알던 것과 다른 것을 많이 알고 있다. 그리고 그를 지원하는 장군들도 다른 세상이 있음을 안다. 북한의 군 장성들은 베이징이나 모스크바에 가면 자신이 어렸을 때 본 것과 완전히 다른 세상을 발견한다. 그들이 무슨 생각을 하겠는가. 분명 '베이징이나 모스크바는 저렇게 변했는데 우리는 하나도 변한 것이 없구나'라는 생각을 할 것이다. 이제 북한도 변할 수밖에 없다. 2014년 북한은 열네 개의 자유무역지역을 지정했다. 3년 전만 해도 하나도 없지 않았는가. 북한은 외국인의 투자를 유치하고 싶어 한다. 또 북한은 국제 마라톤도 개최하고 국제 영화제도 연다. 외국인이 자전거 여행을 하고 싶어 하면 그것도 가능하다. 김정일이 살아 있을 때 이런 것을 건의하면 그냥 총으로 쏴 죽였을 터다.

몇 년 전 내가 처음 북한에 갈 때는 휴대전화를 가져갈 수 없었다. 이제는 많은 사람이 북한에서 휴대전화를 사용한다. 그뿐 아니라 인터넷도 쓴다. 과거와 달리 DVD를 보면서 외부 세계를 알아가고 있다. 많은 북한 사람이 자신과 다른 삶을 사는 사람들이 있음을 안다. 몇 달 전 북한 북부 지역에 가보니 중국에서 수천 명이 북한으로 넘어가고 있었다. 그중에는 러시아 사람들도 있었다. 북한이 외부에 많이 노출되고 있다는 뜻이다. 출입국 사무소를 새로 짓고 있었는데 하나를 더 지어야 한다고 했다. 너무 많은 사람이 출입하고 있어서란다. 다리까지도 새로 건설하고 있다. 사람들이 많이 출입하면 북한 사람은 외부 세상에 더 많이 노출될 수밖에 없다.

한국의 박근혜 대통령은 통일에 관심이 많고 통일위원회도 만들었다. 15년쯤 전만 해도 한국에서 북한 얘기는 별로 하지 않았고 통일도 논하지 않았다. 평화에 대한 얘기도 마찬가지다. 하지만 인천에서 아시안게임을 개최했을 때는 북한의 고위급 장성이 여러 명 한국에 왔다. 이들은 분명 대화와 문제해결에 관심이 있다. 통일을 반대하는 사람은 그리 많지 않다. 물론 반대하는 사람이 아직 있고 특히 일본이 반대한다. 일본은 통일한국과 절대 경쟁할 수 없다. 통일한국은 인구가 7,500만 명에 달하고 중국과 국경이 맞닿으며 천연자원, 저렴한 노동력, 자본을 갖춘다. 일본은 그것을 알기에 통일을 탐탁지 않게 여긴다. 일본은 인구가 줄고 있고 천연자원도 없는데다 부채가 어마어마하다. 더구나 중국과 국경을 맞닿을 수도 없다.

현재 한국인이 북한에 가는 것은 굉장히 어려운 일이다. 특별히 관광지역이나 공단으로 지정한 곳이 아니면 갈 수 없지만 언젠가 여러분이 북한에 가서 내가 본 것을 봤으면 좋겠다. 북한의 나진은 아시아에서 사계절 내내 얼지 않는 최북단 항구다. 현재 러시아는 시베리아 횡단 철도를 연장해 나진과 연결하는 중이다. 기차에 물건을 실어 나진까지 가면 나진에서 배로 브라질이나 독일, 프랑스까지 갈 수 있기 때문이다. 이 경우 러시아의 다른 항구를 이용할 때보다 2배쯤 빨리 갈 수 있다. 이미 러시아는 나진에 부두 두 개를 구축했고 중국도 나진에 부두를 두 개 더 구축했다. 지리적으로 훨씬 더 가까워서다. 한국도 나진에서 배를 이용해 유럽에 간다면 비용과 시간이 훨씬 덜 들 것이다. 이는 북한에도 좋고, 한국에도 좋은 일이다. 세계역시 좋다.

현재 북한은 전보다 훨씬 개방적이다. '왜 5년이냐'고 묻는다면 "변화가 보이기 때문"이라고 답하겠다. 북한에는 암시장도 있다. 암시장이 있다는 것은 사람들이 뭔가 더 나은 것을 추구한다는 뜻이다. 나는 나진시의 암시장에 가봤는데 수백 개의 작은 가게에서 수천 명이 물건을 사고팔았다. 그곳에서는 먹을거리, 술, 전자제품 등 뭐든 사고팔 수 있다. 이미 이런 일이 이뤄지고 있다. 나는 어부와 기업가를 만나고 부두에도 가봤는데 분명 변화가 보였다.

1984년에 누군가가 내게 "동독과 서독이 5년 안에 통일될 것"이라고 했다면 '말도 안 돼'라고 생각했을 것이다. 1989년 서독 정치인

빌리 브란트가 TV에 나와 인터뷰를 했는데 "서독과 동독이 통일될 것이냐?"는 질문에 그는 "내 평생에 통일은 없을 것"이라고 대답했다. 그런데 1989년 후반 베를린 장벽이 무너졌고 통일이 이뤄졌다. 한반도에도 그런 일이 일어날 수 있다. 그때 내가 이처럼 낙관적인 전망을 했다는 점을 기억해주기 바란다.

한국인은 분단국가에서 오랜 기간 살았기 때문에 분단을 당연시하고 또 여러 이익단체나 관료주의자의 생각이 다를 수도 있다. 만약 화성에서 외계인이 날아와 한반도를 본다면 언어도 역사도 같은데 '왜 통일이 안 됐지?'라고 생각하지 않을까. 어쩌면 화성인이 군사분계선을 무너뜨리기 위해 노력할지도 모른다. 나도 그렇게 하고 싶다. 그것이 합리적인 선택이기 때문이다. 수 세기 동안 한 나라였고 꽤 번영했던 지역이므로 통일하는 것이 마땅하다. 통일이 되면 한국은 10~20년 동안 전 세계에서 가장 흥미진진한 국가로 부상할 것이다.

최근 뉴스를 보면 인도와 중국 시장이 크게 두드러지고 있다. 당신은 인도에 투자하는 것을 어떻게 생각하는가. 좋은 투자처라고 생각하는지 궁금하다.

나는 수년 동안 인도에 대해 회의적이었다. 끔찍한 관료주의, 열악한 사회 기반 시설, 후진적인 교육 때문이다. 하지만 인도의 새로운 총리는 주지사였을 때 좋은 성과를 올렸고 최근 시장에 대해서도 긍정적인 이야기를 하고 있다. 그래서 몇 년 만에 나는 다시 인도에 투자하고 있다. 물론 많이 하지는 않는다. 아직 인도가 '말'만 했을 뿐 실제 행동으로 보여준 게 없어서다. 인도는 여전히 통화 시장을 개방하지 않고 있다. 일단 총리의 지난 업적을 보고 투자하기로 결정은 했으나 6개월이 지나도 총리는 확고한 행동을 보이지 않고 있다. 행동을 보이면 나는 인도에 더 많이 투자할 계획이다. 그 반대라면 매도하겠다. 다른 사람도 마찬가지일 거라고 생각한다. 만약 중국의 덩샤오핑이 35년 전에 시장을 개방한 것처럼 인도가 시장을 개방한다면 인도는 좋은 투자처가 될 것이다.

몇 가지 질문을 하려 한다. 첫째, 당신은 2013년 한국에 왔을 때 "양적완화가 끝날 것"이라고 했고 실제로 그랬다. 이제 미국이 언제 금리를 인상할 것인지 궁금하다. 둘째, 중국의 상하이 증시가 2014년 11월 대비 20퍼센트 올랐다. 지금 상승세를 이어가고 있지만 아직 최고점에 비해 굉장히 낮은 상태다. 중국 시장을 어떻게 생각하는가. 중국에는 부동산이나 그림자 금융, 부채 문제가 있다. 1980년대의 일본과 유사한 문제가 중국에서 발생할 수 있는지 알고 싶다.

사실 전 세계 주요 중앙은행이 지금처럼 돈을 많이 찍어낸 적은 없었다. 현재 일본, 영국, 미국 모두 돈을 푸는 바람에 금리가 인위적으로 굉장히 낮은 상태다. 이미 시장에 풀린 돈이 많고 그 돈이 주식 시장으로 흘러가고 있다. 중국도 마찬가지다. 그렇지만 인위적인 것은 결국 끝이 나고 만다. 일부 나라는 벌써 금리를 인상하고 있다.

미국은 1~2년 안에 중앙은행이 금리를 인상할 것이다. 물론 중앙은행이 직접 금리를 인상하는가 아닌가는 그리 중요치 않다. 시장이 중앙은행보다 돈을 더 많이 갖고 있기 때문이다. 시장이 1~2년 안에 금리를 끌어올릴 가능성이 크다. 중앙은행과 무관하게 시장이 금리를 움직인다는 얘기다. 미국은 곧 그렇게 움직일 거라고 본다. 신용등급이 낮은 채권은 이미 그런 양상을 보이고 있다. 이 경우 영세회사 채권이 가장 먼저 큰 영향을 받는다. 그런 다음 순차적으로 금리가 움직인다. 2015년이나 2016년이면 여러분은 금리 인상을 경험할 것이다.

미국의 중앙은행이 금리를 인상할 경우 시장이 반응을 보인다. 그렇다고 미리 걱정할 필요는 없고 그때 가서 매수하면 된다. 중앙은행이 적어도 세 번은 금리를 인상해야 그것이 시장에 영구적인 영향을 미친다. 일반적으로는 네 번의 금리 인상이 있어야 한다. 그러므로 세 번째, 네 번째 금리 인상을 하기 전까지는 걱정할 필요가 없다.

중국과 관련해서는 당신의 말이 맞다. 중국은 많은 부채를 안고 있고 지난 3~4년간 계속 증가했다. 또 파산하는 회사가 생길 수 있다. 그렇기 때문에 중국 정부는 과열된 자산 가격을 냉각시키려 한다. 중국이 그처럼 인플레이션을 조정하는 것은 올바른 자세라고 생각한다. 동시에 중국 지도부는 일부 경제 영역에서 투자를 늘리고 있는데 나는 그런 영역에 투자하려 한다.

중국 경제에서 일부 영역은 부상하고 또 일부 영역은 오히려 실적이 나빠질 확률이 높다. 1~3년 동안 부동산은 그리 좋지 않을 것으로 본다. 반면 오염 정화 등에는 많은 투자가 이뤄질 전망이다. 이 분야에 종사하는 사람은 상하이의 부동산 투기꾼이 돈을 잃어도 개의치 않을 것이다. 정화에 종사하는 사람은 돈을 많이 벌기 때문이다. 또 농업에 종사하는 사람들도 좋은 결과를 얻을 것이므로 부동산 폭락에 별로 관심을 보이지 않는다. 중국엔 부실 채권과 부채 문제도 있지만 굉장히 좋은 성과를 내는 분야도 많다. 나는 그런 회사에 투자할 계획이다.

노후 설계 **06**

이시형

(사)세로토닌문화원장. 대한민국의 대표적인 정신과의사이자 뇌과학자다. 한국자연의학종합연구원 원장이자 '힐리언스 선마을' 촌장으로, 뇌과학과 정신의학을 활용한 '면역력과 자연치유력' 증강법을 전파해왔다. 그의 탁월한 통찰력과 독창적인 인생론은 지난 20여년간 끊임없이 각종 TV 프로그램과 지면에 소개되며, 국민건강, 자기계발, 자녀교육, 공부법 등 다양한 주제로 남녀노소 모두에게 폭넓은 공감을 사고 있다.

9장

건강관리가
돈 버는 길

이시형, (사)세로토닌문화원장

장수는 과연 축복일까

"당신은 100세 생일날 어디에서 무얼 하고 있을까?"

100세 생일이라고 하니까 좀 당혹스러운가. 아직 실감하지 못할 수도 있지만 100세는 이미 우리의 현실이다. 그전에는 그저 '오래 산다', '장수한다'는 뜻으로만 받아들였으나 해마다 100세가 된 사람들이 늘고 있다. 특히 현재 40대, 50대에게 100세는 따 놓은 당상이다. 재수 없으면 120세까지 산다는 말도 있다. 아니, 120세까지 사는데

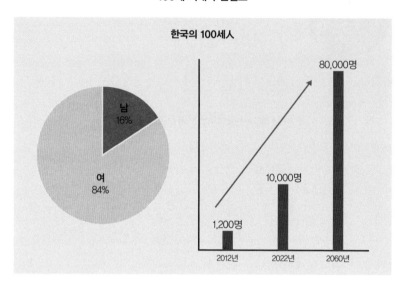

100세 시대가 현실로

한국의 100세人

여 84%
남 16%

1,200명 (2012년)
10,000명 (2022년)
80,000명 (2060년)

왜 재수가 없느냐고?

우리 어머니가 104세에 돌아가셨는데 80세 이전만 해도 외숙모, 고모가 집에 오가기도 하면서 잘 지냈다. 그런데 어머니 연세가 80세를 넘어가면서 한 분, 두 분 떠나더니 80세 중반이 되니까 어머니 혼자 남았다. 아들은 이것저것 한답시고 미친놈처럼 밖으로 돌아다니지 며느리도 바쁘지, 하니까 어머니는 하루 종일 혼자였다. 어머니는 낯선 사람들과 어울리는 걸 탐탁지 않게 여겨서 노인정에도 가지 않았다. 얼마나 외로웠겠는가.

그래서 내 생각인데 평균 수명대로 사는 게 딱 좋은 것 같다. 나는 사람들에게 58년 개띠라고 말하지만 사실은 81세. 이제 그만 살아도 되는 나이지만 어딜 가면 곧잘 섹시하다는 말도 듣는다.

석 달 전쯤 감기몸살을 앓았다. '나도 감기몸살을 앓는구나' 하는 생각을 하며 일기장을 뒤적여보니 36년 전에 감기몸살을 앓은 이후 처음이었다. 50세 때 건강장수에 관해 강연을 하느라 건강장수학을 따로 공부했다. 한데 그땐 내가 80세가 될 때까지 이렇게 떠들고 다닐 줄은 꿈에도 생각지 못했다.

"80세 생일날 어디서 무얼 하고 있을 것 같습니까?"

만약 당시에 이런 질문을 받았다면 어안이 벙벙했을 것 같다.

창업에는 적어도 10년의 준비가 필요하다

친구들과 모여 얘기를 나누려고 사랑방을 하나 만들었는데 그중 하루에 1,000원을 들고 나오는 친구가 있다. 며느리한테 1,000원을 받아서 나오는 것이다. 고작 1,000원이라니, 말도 안 된다고? 내가 봐도 그렇다. 지하철은 공짜니까 돌아다닐 수 있다 치고 그 친구는 담배도 한 갑은 사야 한다. 하긴 일당 1,000원짜리가 왜 담배를 못 끊는지. 그 친구가 어쩌다가 돈 1,000원으로 하루를 살아야 하는 처지가 되었는지 정말 모르겠다.

물론 형편이 좀 나은 친구들도 있다. 하지만 우리 세대 중에 100세 시대를 준비한 사람은 별로 없다. 사실 우리 세대가 장수 1세대다. 과거에는 지금처럼 오래 산 사람이 거의 없었다. 경험한 적도 본 적도 없으니 내 친구들이, 그 바보 같은 녀석들이 거지처럼 돌아다니는 거다.

요즘엔 나이 55~60세면 정년퇴직을 한다.

얼마 전에 보니 베이비부머들이 2013년부터 퇴직하기 시작했는데 자살률이 엄청 높다고 한다. 뒤통수를 한 방 맞은 것 같이 얼얼했다. 한창 좋을 나이에, 이 좋은 세상에서, 자살을 하다니! 얼마나 안타까운 일인가. 나는 정말 이해가 가지 않았다. 내가 쓴 책 중에 《인생내공》이라는 게 있는데 그걸 쓴 이유는 간단하다. 지금부터 준비를 해야 하기 때문이다.

정년퇴직한 사람이 가장 많이 하는 건 식당 아니면 프랜차이즈다. 문제는 이런 거 창업하면 3년 내로 98퍼센트가 문을 닫는다는 통계가 나와 있다는 것이다. 통계는 곧 현실이다. 그래서 책에 만약 식당을 창업하려면 10년은 준비해야 한다고 썼다. 식당을 창업하려 할 때 제일 먼저 배워야 하는 것이 주방장이 하는 일이다. 자기가 주방 일을 모르면 주방장 등쌀에 망하기 십상이다. 그다음에는 장보기다. 일본의 도쿄 역에 가면 '월드베스트'라고 세계 최고의 식당만 모인 곳이 있다. 그곳에 한국 식당이 두 번째 빌딩에 들어서 있는데 그 집 주인과 친분이 있어서 찾아간 적이 있다. 축하드린다고 했더니 그 양반의 두 눈에 눈물이 그렁그렁했다. 나이 60세가 다

되었는데 말이다.

"왜 그래요?"

"16년 동안 꼬박 새벽 두 시에 시장으로 장을 보러 다녔습니다."

장장 16년이다. 그러니까 식당을 하려면 마음을 독하게 먹어야 한다. 매일 새벽 두 시에 일어나 장을 보러 가야 하는 게 식당 사업이다.

그다음엔 아내와 함께 10년 동안 연구를 해야 한다. '이거 하나만큼은 내가 대한민국에서 가장 맛있게 할 수 있어'라고 자신할 만한 메뉴를 연구하라는 얘기다. 두부찌개든 된장찌개든 이거 하나는 내가 최고다 싶은 정도여야 한다. 10년을 연구하면 도가 트이고 누구 앞에 내놔도 인정받을 수 있다.

또 큰 거리에 번듯하게 식당을 차릴 생각은 버려야 한다. 그냥 자기 집에서 해도 된다. 일본에 '화목식당'이라고 자기 집에서 화요일과 목요일 저녁에만 식당을 하는 집이 있다. 그 집에서는 자기네 집에서 먹는 그대로 내놓는데도 외국인들이 줄을 선다. 꽉 차면 한 테이블에 여덟 명이 앉는데, 만약 두 명만 있어도 8인분의 돈을 내야 한다. 더 재밌는 건 그 집에 메뉴가 없다는 점이다. 그날 그 집 아주머니가 장을 보러 나가서 가장 좋은 걸로 골라 음식을 대접할 뿐이다. 외국인은 그곳에서 일본의 가정 문화를 본다. 식당 문화가 아니라 '아, 일본인은 이렇게 사는구나' 하고 느낀다.

내가 왜 이 얘기를 길게 늘어놓느냐 하면 많은 창업자가 준비를 하지 않기 때문이다. 적어도 정년퇴직 10년 전에는 준비를 해야 한다.

현직에 있을 때 은퇴 이후를 준비하라

국내는 이미 만원이다. 외국으로 나가야 한다. 혹시 기억하는가? 60년대 후반과 70년대에 외국의 기술자들이 가방 하나 턱 들고 김포공항에 내리면 우리가 그들에게 식사를 대접했다. 왜냐고? 우리에게 그들의 기술, 노하우, 돈, 기계가 필요했기 때문이다. 이젠 거꾸로 우리가 그런 사람이 되어야 한다. 베이비부머 세대는 그야말로 맨손으로 이 나라를 이만큼 일으켜 세웠다. 당시 서양에서 온 기술자들의 뒤에는 300년 산업 사회라는 인프라가 깔려 있었다. 반면 우리는 맨손으로 출발했다. 그래서 나는 이 지구상에서 가장 필요로 하는 사람이 우리나라 베이비부머 세대라고 생각한다.

틈새시장은 얼마든지 있다. 내 친구 중에 이슬람 전문가가 한 명 있다. 그런데 우리나라가 이라크에 파병하기 위해 준비할 때 대한민국에 이라크어를 할 줄 아는 사람이 드물었다. 파병을 해도 좀 안전한 곳에 부대가 주둔해야 할 것 아닌가. 그래서 외교부와 국방부가 이라크 조사에 나섰는데 그때 이슬람 전문가인 내 친구가 따라갔다.

간절히 부탁하건대 제발 100세 시대를 준비하라. 그것도 현직을 떠나면 준비하기가 굉장히 힘드니까 현직에 있을 때 준비하라. 일하면서 전화나 팩스도 좀 공짜로 쓰고 모르면 동료에게 물어가며 준비를 하란 말이다.

100세 생일을 결코 가볍게 생각하면 안 된다. 조금 있으면 한국에 100세 인구가 10만 명에 육박할 것이다. 내 친구들도 꽤 많이 살아 있다. 믿기지 않을지도 모르지만 친구들은 아직도 나이 80을 실감하지 못한다. 그 나이가 되도록 멀쩡하게 살아 있을 줄 누가 알았겠는가. '어떻게든 되겠지', '설마 내가' 하는 생각을 하며 그럭저럭 버티지 마라. 정말 재수가 없어서 120세까지 살면 어쩌려고 그러는가.

100세 시대를 위해 준비해야 할 세 가지

100세까지 살려면 세 가지, 즉 생활비, 주택자산 그리고 개인자산을 준비해야 한다. 여기서 개인자산이란 건강, 취미, 친구를 말한다. 나를 도와줄 사람이 없으면 고독하게 혼자 살다가 떠나야 한다. 요즘에는 쓸쓸한 고독사가 굉장히 많다. 심지어 떠나고 나서 몇 달 후에야 발견되는 사람도 있다.

무엇보다 중요한 개인자산은 건강이다. 일단 아파서 병원에 입원하면 당장 돈이 많이 들어가고 사는 재미가 없다. 건강을 잃는 것은 곧 모든 것을 잃는 것이다. 100세까지 꼭 지켜야 할 건강 중에

100세 시대를 준비할 세 가지

금융자산(생활비)	주택자산(살 집)	개인자산(건강+Network)

서도 나는 '내 발로 걸어 다니는 것'을 가장 중요하게 생각한다. 나이가 80~90세가 되면 좀 헛소리를 해도 괜찮다. 80세가 넘으면 아픈 게 정상이다. 하지만 아무리 형편이 좋지 않아도 내 발로 걸어 다니면 얻어먹기라도 할 수 있다. 그러니 꼭 내 발로 걸어 다닐 만큼의 건강은 지켜야 한다.

혹시 알고 있는가. 사람은 나이가 들수록 오히려 힘이 세진다. 흔히 나이가 들수록 모든 것이 떨어진다고 생각하지만 실제로는 올라간다. 이건 내가 나이든 사람을 위로하려는 게 아니라 의학적으로 증명된 것이다.

힘은 보통 신체적, 정신적, 사회적 그리고 영적인 것으로 구분한다. 조물주가 인간을 넉넉하게 잘 만들어놓은 덕분에 우리는 평소에 갖고 있는 힘의 20퍼센트만 써도 살 수 있다. 나머지 80퍼센트는 예비력이다. 갑자기 강도가 나타나면 우리는 100퍼센트 힘을 발휘해서 도망친다. 싸울 때도 마찬가지다. 그러니까 체력이 좀 떨어져도 평소

생활에는 아무런 지장이 없다. 63빌딩 빨리 올라가기나 100미터 달리기만 하지 않는다면 신체적인 힘이 부족해서 생활에 지장을 받지는 않는다.

'신체적 건강' 하면 우리는 으레 운동을 떠올리지만 사실 우리에게는 부지런히 운동할 시간이 없다. 차라리 일상생활을 운동화하라. 기본적으로 활동성이 중요하므로 다리가 튼튼해지도록 웬만하면 걷자. 나는 10층까지는 걸어 다니고 지하철에 타면 절대 앉지 않는다. 지하철에서 서서 가면 균형감각 운동을 할 수 있다. 처음 출발

인간의 힘

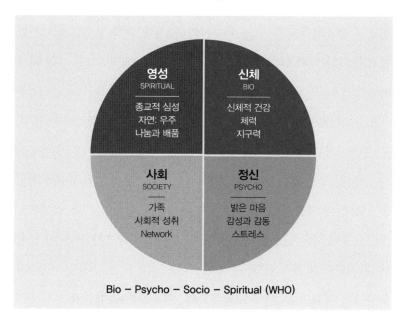

9장 건강관리가 돈 버는 길

할 때 손잡이를 잡는 것은 괜찮지만 그다음부터는 잡지 않고 저절로 흔들리게 놔둔다. 지하철이 가는 방향으로 15도쯤 돌아서서 서 있으면 다리도 튼튼해지고 균형감각도 기를 수 있다.

조깅(Jogging)과 워킹(Walking)의 합성어인 조킹(Joking)도 권하고 싶다. 이것은 조깅하듯 걸어가는 것인데 걷는 스피드로 달리기를 하는 셈이다. 빠른 운동보다 느린 운동이 좋다는 것은 의학적으로 증명된 사실이다. 한번 천천히 일어나보라. 아주 천천히, 슬로모션을 하듯 서서히 일어났다가 앉아보라. 간단한 실험이지만 벌떡 일어나는 것보다 아주 천천히 일어날 때가 훨씬 더 힘들다.

집에서 제자리걸음으로 조킹을 하면 종아리 근육이 쫙쫙 선다. 3분 정도면 종아리가 기분 좋게 아파온다. 대개 앞쪽의 도도록한 엄지발가락 부위가 먼저 닿고 뒤쪽은 닿는 둥 마는 둥 한다. 이걸 매일 아침저녁으로 5분만 하면 날씬한 몸매를 유지할 수 있다.

요즘 전 국민의 관심사 중 하나가 바로 '치매'다. 그것이 거의 공포 수준이라 조금만 기억을 못해도 내가 혹시 치매가 아닌가 의심한다. 그러고 보면 과학문명은 양날의 칼이다. 그것이 발달할수록 인간은 퇴화하기 때문이다. 인간은 자동차가 나오면서 다리가 약해졌고 스마트폰이 나온 뒤로는 전화번호 세 개까지 알고 있는 사람이 드물다. 기억력이 엄청 퇴화한 탓이다.

상당히 권위 있는 미네소타 대학의 연구 결과에 따르면 75세까지

중증도 치매 발병률

60~64세	0.2%
65~69세	0.9%
70~74세	2%

모두 합쳐도 75세까지는 3.1% | 다른 질환을 합쳐도 5%
→ 나머지 95%는 건강

3.1퍼센트가 치매 증상을 보인다고 한다. 100명 중 세 명이 75세쯤 이면 약간 치매기를 보인다는 얘기다. 여기에다 다른 질환까지 합쳐 져 75세가 되면 약 5퍼센트가 일상생활에 지장을 받는다. 더러 치매 가 50퍼센트나 나타난다고 말하는 사람도 있는데 그건 과장이다.

평생 일해야 하는 시대

인생에서 돈이 가장 많이 드는 때는 50대 후반이다. 자식을 가르 치는 것을 넘어서서 결혼비용 대주고 집까지 사줘야 한다고 생각하 기 때문이다. 이건 정말 바보짓이다. 나도 애가 둘이 있는데 어린 시 절부터 아버지는 전화기 하나도 물려주지 않을 거라고 했더니 스스 로 알아서 잘 살고 있다.

난 나이가 들었지만 지하철을 공짜로 타지 않는다. 그건 내 자존심이다. 스스로 벌면서 '난 아직 젊다'는 느낌을 간직하고 싶은 거다. 저녁 여섯 시쯤이면 여의도에서 젊은이들이 까맣게 몰려나오는데 거기 섞이면 '나도 사회활동을 하는 사람'이라는 느낌이 든다. 사회가 아직도 나를 필요로 한다는 그 느낌은 정말 소중하다. 이게 공짜로 되는 건 아니다. 나는 지금도 네 시 반이면 일어나서 공부를 한다. 평생 공부해야 한다는 건 맞는 말이다.

가장 우울하고 걱정거리가 많은 나이가 50대 후반에서 60세 안팎이다. 돈 쓸 일은 많은데 벌 방법은 없으니 불안해서 우울증에 걸리기도 한다. 한데 이 나이가 되면 인내력이 젊은 시절을 능가한다. IQ나 동작성 지능은 좀 떨어지지만 언어성 지능은 올라간다. 또 순간 기억력인 유동성 지능은 떨어져도 과거의 경험이 쌓여 형성되는 결정성 지능은 오른다. 전체를 보고 기획하는 총괄성 지능은 올라가기도 하고 내려가기도 한다. 현역에 있는 사람은 오르지만 뒷방 노인으로 살아가면 내려간다. 다원성 지능, 즉 대인관계나 언어적 능력, 자연친화력, 자기성찰 지능 등도 젊은이에 비해 훨씬 올라간다. 다시 말해 나이가 들면 지혜가 생긴다.

1980년대에 서구에서 이런 사건이 발생했다.

나이든 사람들 때문에 젊은이들이 취업을 못한다며 기업들이 노인을 조기 은퇴로 내몰았다. 그 후 젊은이들의 취업률이 올랐을까? 오히려 노인의 복지비용만 늘어났을 뿐 젊은이들의 취업률에는 변화가 없었다. 왜 그런지 곰곰이 따져보니 젊은이와 노인이 하는 일은 그 성격이 다르더란다. 가령 노인은 광고 카피라이터처럼 번뜩이는 재치와 지혜를 발휘해야 하는 일은 잘 못한다. 그러나 일이라는 게 머리로만 하는 것은 아니다. 젊은이들은 보통 끈기가 부족한데 노인들이 이걸 메워준다. 2014년 경총(한국경영자총협회) 자료를 보니 요즘엔 무경력자 취업보다 경력자 재취업이 더 많다고 한다.

실제로 유럽도 정책을 완전히 바꿨다. 억지로 내보낸 고령자들을 다시 불러들이고 있는 것이다. 젊은 사람과 나이든 사람이 하는 일은 그 종류도 질도 다르다. 노인이 잘하는 일은 젊은이가 잘하기 힘들고, 젊은이가 잘하는 일은 노인이 잘하기 어렵다. 미국과 영국은 이미 정년제까지도 폐지했다. 머지않아 우리나라도 그렇게 될 것이다. 이미 정년을 자꾸 연장하고 있지 않은가.

나이든 사람은 사회적인 힘이 강할 수밖에 없다. 건강하고 이미 돈, 시간, 고급 정보, 경험을 모두 갖추고 있는데 더 필요한 것이 뭐가 있는가. 2013년부터 재취업이 늘어난 데는 다 이유가 있다. 더구나 재취업자들은 일할 수 있다는 것 하나만으로도 회사에 대한 충성심이 대단하다. 당연히 기업은 경력사원 채용을 늘릴 수밖에 없다.

방어체력을 튼튼히 다져라

한 가지 주의할 것은 방어체력을 튼튼히 다져야 한다는 점이다. 체력에는 두 가지가 있다. 하나는 신체적 힘이고 다른 하나는 방어체력이다. 방어체력은 스트레스나 질병으로부터 우리를 방어해주는 힘으로 사실 이것은 타고난다. 아무리 독감이 유행해도 면역력이 튼튼하면 감기에 걸리지 않는다. 설령 독감에 걸려도 병원에 가거나 약을 먹지 않고도 하루 정도 푹 자고 나면 일어난다. 이것이 자연치유력이다.

인간에게는 아예 병에 걸리지 않게 하는 면역력과 병에 걸려도 저절로 치유하는 자연치유력이 있다. 이런 것이 없으면 의학은 성립하지 않는다. 의학은 한마디로 '어떻게 하면 방어체력을 튼튼하게 할 수 있을까'를 연구한다. 방어체력이 튼튼할 경우 여러분은 교통사고만 나지 않으면 120세까지 살 수 있다.

안타깝게도 현대인의 방어체력은 갈수록 약해지고 있다. 과학만능시대라 가급적 걷지 않고 조금만 더워도 에어컨 틀고 추우면 히터를 틀다 보니 그렇게 되어버렸다. 과학문명 중독증에서 벗어나 자연스럽게 살아가지 않으면 우리 몸은 갈수록 약해질 수밖에 없다. 겨울은 겨울답게, 여름은 여름답게 지내는 것이 자연스러운 일이다.

인류의 조상은 아프리카에서 300만 년을 살았다. 거기에는 찬물이 없는데 우린 여름이면 으레 차가운 물을 원한다. 그냥 상온의 물을 마시지 않는다. 찬물을 마시면 기분이 좋지만 위 속에서는 그렇지 않다. 위는 37도이기 때문에 찬물이 들어오면 전쟁이 일어난다. 실제로 위경련, 복통, 설사, 구토는 우리가 먹는 것이 자연스럽지 않아서 발생하는 것이다.

가급적 자연스럽게 살자. 너무 과학문명 중독증에 빠지면 방어체력이 약해진다. 요즘 서구에서는 자동차 타지 않기 운동이 일어나고

사망 원인에 영향을 미치는 건강 4요소

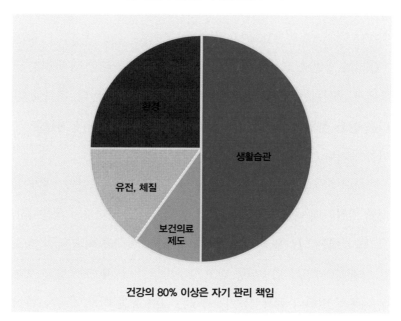

환경

생활습관

유전, 체질

보건의료
제도

건강의 80% 이상은 자기 관리 책임

있다. 매연도 심하고 교통 문제도 있고 건강도 약해지니까 걸어 다니거나 자전거를 타자는 얘기다. 한국에서도 그런 운동이 일어나고 있다. 우리가 자연스럽게 살면 이 지구상에서 병원이 없어질 수도 있다.

사망에 큰 영향을 미치는 요인 중 절반을 차지하는 것이 생활습관이다. 그러므로 평소에 생활습관을 건강하게 지켜야 한다. 환경은 4분의 1 정도 영향을 준다. 체질적인 요인은 별로 중요하지 않다. 결국 건강의 80퍼센트는 스스로 책임져야 한다.

자식들에게 유산 남기겠다는 생각을 버려라

우리가 정말로 고쳐야 할 것 중 하나는 효(孝)에 대한 생각이다. 일본에서 자살하는 노인들은 "깨끗하게 죽겠다"고 말한다. 추하고 더러운 꼴을 사랑하는 가족, 친지에게 보여주고 싶지 않아 자살을 한다는 얘기다.

그러면 한국의 노인은 왜 자살을 할까? 서러워서 죽는다. 내가 어떻게 키웠는데 나를 이렇게 대접할 수 있느냐고 생각하기 때문이다. 그건 '효'라는 의식을 버리지 못해서다. 사실 자식은 어렸을 때 효도를 다했다. 아기가 뒤뚱뒤뚱 걷고 방긋방긋 웃을 때 그 모습을 보며 온 가족이 얼마나 행복했는가? 자식은 그때 효를 다한 것이다. 자식이 커서 잘하면 그건 덤이고 못한다고 섭섭하게 생각할 것 없다는 얘기다.

노인이 병원에 입원하면 전국에 흩어져 있던 자식이 다 모여든다. 노인의 병세가 궁금해서가 아니라 유산 때문이다. 내가 병원에서 일한 사람이라 그건 잘 알고 있다. 유언서를 단단히 작성하고 절대로 자식에게 재산을 남겨줘야 한다고 생각지 마라. 이젠 연금도 믿기 어려우니 각자 준비해서 다 쓰고 가라.

80세가 넘으면 죽을 복이 생긴다. 50세가 간암에 걸릴 경우 다른 데는 멀쩡하기 때문에 몸이 죽지 않으려고 발버둥 친다. 그래서 죽는 것이 대단히 힘들다. 한데 80세가 넘으면 마치 촛불이 삭듯 조용히 눈을 감는다. 80세가 넘어서 죽을 때는 대개 2박 3일이 걸린다. 어찌어찌하다가 앓아누우면 자식들이 모두 모이고 그때 노인은 "너희들 왜 왔노?" 한다. 그럼 자식들은 아직 돌아가실 때가 아닌가 보다 하고 각자 집으로 돌아간다. 하지만 노인은 그다음 날 세상을 떠난다. 이게 죽음의 코스다. 내가 살펴본 결과 80퍼센트는 그렇게 세상을 떠난다.

그런 것도 모르고 죽을 때 고생할까 봐 돈을 숨겨두는 사람이 굉장히 많다. 그러지 말고 심신이 말짱할 때 다 써라. 죽을 때쯤이면 정신이 오락가락하기 때문에 자신이 대학병원 특실에 있는지 다리 밑에 거적을 깔고 누웠는지 알지 못한다. 그러니 돈을 아꼈다가 자식들끼리 싸움 나게 하지 마라.

치료보다 예방하는 시대, 건강생활 열두 가지 습관

이제 정리하면서 건강생활 열두 가지 습관을 알아보자.

- 천천히 서른 번 씹기: 단순히 배를 채우려는 일념으로 정신없이 집어넣지 말고 맛을 음미하라.

- 덜 짜게 먹기: 한국인은 보통 11년을 앓다가 세상을 떠나는데 많은 사람이 중풍으로 고생한다. 중풍은 너무 짜게 먹어서 생긴다. 짭짤한 깍두기 두 쪽이면 하루 먹을 소금의 양을 다 채운다.

- 덜 달게 먹기: 특히 여성들이 단 걸 좋아하므로 주의해야 한다.

- 야식 먹지 않기: 늦은 시간에 먹으면 위가 밤새도록 소화시켜야 해서 잠을 자도 잔 게 아니다.

- 폭식하지 않기: '폭'이라는 말이 들어가는 것 중 우리에게 이로운 게 있을까.

- 운동하기: 아침에 스트레칭을 하고 30분간 걷는다. 태양과 함께 30분을 걸으면 비타민 D가 넘쳐나 모든 활동성 호르몬이 분비된다. 아니면 100계단을 걸어 올라간다. 한 층이 보통 20계단이므로 5층 정도 올라간다.

- 미소 짓기: 거울을 볼 때마다 미소를 짓는다. 만약 짜증나는 일이 있으면 고함지르지 말고 심호흡을 세 번 한다.

- 잠들기 전에 한 가지 이상 감사하기: 자기 전에 누구한테든 한 가지를 감사한다. 나는 내 발에 감사한다. 발을 주무르며 "수고했다.

고맙다. 조심할게. 잘 부탁해"라고 한다. 대신 진심으로 해야 한다.

• 생활리듬 지키기: 적어도 밤 열한 시 전에는 자자. 생활습관의 학회의 어느 의사는 "최소한 오늘 내로 자자"고 한다. 한국인의 68퍼센트가 열두 시 넘어서까지 깨어 있기 때문이다. 오늘 내로 자자.

• 몸을 따뜻하게 하기: 따뜻한 물을 마셔야 하는 이유와 같다.

• 자세를 반듯하게 유지하기: 반듯한 자세는 평소 생활습관으로 만들 수 있다.

• 세로토닌하기: 행복 호르몬으로 불리는 세로토닌을 통해 몸과 마음을 치유한다.

위의 열두 가지 습관을 들이면 건강을 지키는 동시에 질병을 예방할 수 있다. 이제 치병(治病)의 시대는 끝났다. 지금은 병원에 가서 치료받는 시대가 아니라 예방하는 시대다.

건강한 노년을 위해
꼭 알아야 할 질문과 답변

어머니가 지금 81세인데 기억력이 상당히 떨어진다. 기억력을 관리하는 방법이 따로 있는가.

나이가 들면 아무래도 기억력이 좀 떨어진다. 우리의 신경세포는 한번 죽으면 살아나지 않는다. 그런데 기억을 담당하는 신경세포로 해마라는 것이 있다. 2000년 솔크(Salk) 연구소에서 스웨덴의 젊은 뇌 과학자 에릭손이 "72세의 노교수 머리에서 해마의 신경세포가 증식했다"고 보고했다. 뇌 과학계에 그야말로 혁명적인 사건이었다. 그래서 뇌 과학지를 보면 온통 해마 이야기뿐이다. 신경세포 중 기억을 가장 잘하는 해마 입구는 한 달에 한 번씩 바뀐다는 것도 입증되었다. 물론 선천적으로 기억력이 좋은 사람도 있지만 기억력은 정말 훈련하기 나름이다. 기억하려면 메모를 해야 한다. 나는 항상 노트를 가지고 다니면서 전철에서든 길에서든 재미있는 간판이라도 있으면 적는다. 그게 책의 밑천이다. '나는 기억력이 떨어진다'고 생각하며 포기하면 안 된다. 다른 신경세포는 다 죽어도 기억을 담당하는 해마는 재생된다는 걸 어머니께 말씀드렸으면 한다. 기억력은 자세의 문제다.

그 연세에도 머리숱이 많아 부럽다. 혹시 머리숱을 유지하는 비결이 있으면 얘기해달라. 화학 계면활성제가 들어가지 않은 샴푸나 비누를 사용하는가.

나는 땀이 나서 다른 사람에게 불쾌감을 줄 정도가 아니면 비누도 쓰지 않는다. 아무것도 안 쓴다. 가수 조영남 씨 표현대로 내가 "자연산"이다. 면도하는 게 전부고 로션도 바르지 않는다. 머리숱을 가장 잘 간수하는 방법은 자주 감지 않는 것이다. 노숙자들의 머리가 치렁치렁한 것은 자주 감지 않아서다. 우리는 머리를 지나치게 관리한다. 내가 "좀 둔하게 삽시다"라고 말하는 것도 같은 맥락이다. 내겐 빗도 없다. 그냥 손으로 한 번 쓱 올리면 그만이다. 그래도 멋있지 않나.

86세의 작은어머니가 치매에 걸리지 않으려고 영어 공부도 하고 노래 교실에도 나간다. 앞으로 권할 만한 것이 있는지 알려주면 감사하겠다.

치매에 걸리지 않으려고 영어 공부를 한다고 생각하지 않았으면 좋겠다. 새로운 것을 공부하면 정말로 새로운 신경회로가 열리고 그러면 젊어진다. 신경세포는 살아나지 않지만 신경세포 네트워크를 이루는 회로는 증가할 수 있다. 즉, 새로운 것을 공부할 경우 새 분야의 네트워크가 증가한다. 머리가 좋다는 것은 신경세포가 많다는 게 아니라 신경세포 네트워크가 잘 형성되어 있다는 뜻이다. 새로운 분야를 공부하는 것은 항상 도전이다. 이런 자세가 젊음과 건강을 유지하는 비결이다.

2015 대한민국 재테크 트렌드

첫판 1쇄 펴낸날 2015년 1월 9일

엮은이 조선일보 경제부
발행인 김혜경
편집인 김수진
책임편집 백도라지 **편집기획** 이은정 김교석 이다희 윤진아
디자인 김은영 정은화 엄세희
경영지원국 안정숙
마케팅 문창운 노현규
회계 임옥희 양여진 신미진

펴낸곳 (주)도서출판 푸른숲
출판등록 2002년 7월 5일 제 406-2003-032호
주소 경기도 파주시 회동길 57-9번지, 우편번호 413-120
전화 031)955-1400(마케팅부), 031)955-1410(편집부)
팩스 031)955-1406(마케팅부), 031)955-1424(편집부)
www.prunsoop.co.kr

ⓒ푸른숲, 2015
ISBN 979-11-5675-530-2(03320)

◦ 잘못된 책은 구입하신 서점에서 바꾸어 드립니다.
◦ 본서의 반품 기한은 2020년 1월 31일까지 입니다.

이 도서의 국립중앙도서관 출판시도서목록(CIP)은 e-CIP 홈페이지(http://www.nl.go.kr/ecip)와
국가자료공동목록시스템(http://www.nl.go.kr/kolisnet)에서 이용하실 수 있습니다. (CIP 2014037633)